論集 加賀藩前田家と八丈島宇喜多一類

大西泰正

はしがき

本書は、関ヶ原合戦に敗れ、最終的に八丈島に流された備前岡山の大名宇喜多秀家とその子孫の動向を、主に加賀（金沢）藩前田家による支援の実態解明を通じて総合的に考えることを目的とする。書名に掲げた「宇喜多一類」は、秀家とその流罪に従った村田助六（伝前田家旧臣）それぞれの子孫の総称である。彼らの動向は従来、曖昧漠然と語られ、実証的な議論がほとんど存在しなかった。絶海の孤島（八丈島）に苦難の生活を強いられた、加賀藩の支援によって露命を繋いだ、といった歴史読物の類で見かける言説は、いずれも厳密な実証のうえで確定された近代的な歴史叙述ではなく、近世以来の各種伝承を祖述した印象批評に過ぎないのである。

そこで、この抽象の伝説を、具象的な史実に変換する。慶長このかた数百年、閑却されて久しい宇喜多一類の諸相を、同情すべき境遇にあった流人、といった単純な理解にとどまることなく、具体的かつ精確に考えたい。加賀藩関係史料を博捜し、秀家夫人樹正院（豪・南御方。前田利家の娘）の縁故に基づく、二百六十余年に及ぶ加賀藩による継続的な八丈島支援（送品慣例）の実態を追跡する。既知の編纂史料、とりわけ『八丈実記』をもって事足れりとせず、貞享・元禄年間（一六八四～一七〇四）の『前田貞親手記』、享保年間（一七一六～三六）の『中川長定覚書』や宝暦年間（一七五一～六四）の『御留守居詰御用留』等々、新出史料も縦横に活用する。膨大な加賀藩関係の、信頼できる各種史料から、宇喜多一類の消長を透かし見てみたい。加えて、本書の検討を通して、筆者の見出した新たな史料とその貴重な情報を、大方の参考に供したくも思う。以下の議論は、旧来加賀藩政の分析を主要用途と目されてきた同藩の政務記録の、新たな活用事例にも仕上がっていよう。

対象時期によって議論に精粗あり、残存史料の状況から粗放な観察に甘んじた部分もある。筆者の能力不足によって、史料の翻刻や分析に瑕疵なきことも保証し得ない。とはいえ、加賀藩前田家を主観点とする宇喜多一類の総体を考えた仕事として、目下能う限り実証的かつ客観的な成果を目指し、こうした検討自体にも歴史的意義を与えることを試みた。宇喜多一類を伝承や物語の世界から、学問的手続きを経た歴史叙述のそれに位置付けてみたいと思う。

ところで、顧みれば宇喜多氏「研究」と呼ぶべき筆者の営為は、拙稿「宇喜多忠家について」(『岡山地方史研究』一〇六、二〇〇五年)を起点に数えると、現在まで十三年に及ぶ。昨年はその決算を図った拙著『宇喜多秀家』(戎光祥出版)を上梓し、本書の原型をなす『八丈島宇喜多一類の研究』(私家版)を友人知己に配布したが、それらの成果を踏まえた本書は、紛れもなく筆者による宇喜多氏研究の一先ずの終着点になろうかと思う。宇喜多氏の足跡を追って議論は近世全体に広がり、明治初年に至った。本書を含めた筆者の仕事につき、諸賢の御叱正を俟ち、御批判を今後の課題として引き続き研究に取り組みたい。

末筆ながら、筆者を宇喜多氏研究の途に導いた森俊弘氏、宇喜多氏権力を論ずるに周到な森脇崇文氏、筆者の拙い成果にも的確な助言を惜しまれない内池英樹氏や馬部隆弘氏、そして日頃より種々ご教示を賜っている木越隆三・石野友康・池田仁子の各氏、そして、史料の閲覧や掲載を許された史料所蔵機関、ことに金沢市立玉川図書館近世史料館に深甚の謝意を表したい。あわせて本書の上梓には、桂書房、および同社代表勝山敏一氏に、格別のご高配を賜った。欣快これに過ぐるものはない。

平成三十年(二〇一八)四月十五日

大西　泰正

目次

初出一覧

・序　章　没落後の宇喜多秀家

拙著『八丈島宇喜多一類の研究』（私家版、二〇一七年）所収の同名拙稿に加筆。ただし初出稿は、拙稿「宇喜多秀家の処分をめぐって」（拙著『宇喜多秀家と明石掃部』岩田書院、二〇一五年。初出二〇一四年）、同「樹正院の後半生」（拙著『論文集　宇喜多秀家の周辺』増補版、宇喜多家史談会、二〇一六年。初出二〇一五年）、同「宇喜多孫九郎秀隆の基礎的考察」（同上）、同「没落後の宇喜多氏について」（『岡山地方史研究』一四〇、二〇一六年）の内容を整理・加筆したもの。

・第一章　加賀藩前田家と八丈島宇喜多一類

拙著『論文集宇喜多秀家の周辺』増補版（宇喜多家史談会、二〇一六年）および同『八丈島宇喜多一類の研究』（私家版、二〇一七年）所収の同名拙稿に加筆。なお、初出稿は拙報告「十七世紀前半における加賀藩前田家と八丈島宇喜多一類」（加賀藩研究ネットワーク第二二回研究例会、二〇一六年三月二七日）、および拙稿「加賀藩前田家による八丈島見継について―享保七年の事例―」（『宇喜多家史談会会報』六〇、二〇一六年）の内容に基づき、これに大幅な加筆を施したもの。

・第二章　八丈島支援の諸相

拙著『八丈島宇喜多一類の研究』（私家版、二〇一七年）所収の同名拙稿に加筆。なお、初出稿は拙稿「宝暦八年の八丈島送品事例について」（『宇喜多家史談会会報』六三、二〇一七年）を大幅に加筆したもの。

・第三章　宇喜多一類の赦免とその東京移住

拙著『八丈島宇喜多一類の研究』（私家版、二〇一七年）所収の同名拙稿に加筆。なお、初出稿は拙稿「新出史料に見る明治三年の宇喜多一類」（『宇喜多家史談会会報』六四、二〇一七年）を大幅に加筆したもの。

・終　章　総括

新稿。

凡例

・拙著を註釈等に挙げる場合、以下の通り略記した。
大西著書①：『豊臣期の宇喜多氏と宇喜多秀家』（岩田書院、二〇一〇年）
大西著書②：『「大老」宇喜多秀家とその家臣団』（岩田書院、二〇一二年）
大西著書③：『宇喜多秀家と明石掃部』（岩田書院、二〇一五年）
大西著書④：『論文集　宇喜多秀家の周辺』増補版（宇喜多家史談会、二〇一六年。元版二〇一五年）
大西著書⑤：『宇喜多秀家』（シリーズ実像に迫る13、戎光祥出版、二〇一七年）
・史料所蔵機関（文庫名）のうち、頻出する金沢市立玉川図書館近世史料館加越能文庫は、加越能文庫と略記した。
・加賀藩士の役職・実名等は、主に加越能文庫所蔵『先祖由緒并一類附帳』、石川県立図書館所蔵『諸士系譜』、金沢市立玉川図書館近世史料館所蔵（郷土資料）『諸頭系譜』に拠った。このうち『諸士系譜』は影印本が石川県史資料近世篇八〜一三（石川県立図書館、二〇〇八〜二〇一四年）として、『諸頭系譜』は活字本が金沢市図書館叢書九（金沢市立玉川図書館近世史料館、二〇一三年）・同一〇（同上、二〇一五年）として刊行されている。
・「宇喜多」氏の表記について、引用史料によって「宇喜田」「浮田」と不統一であるが、史料の記載通り示した。

宇喜多氏等略系図

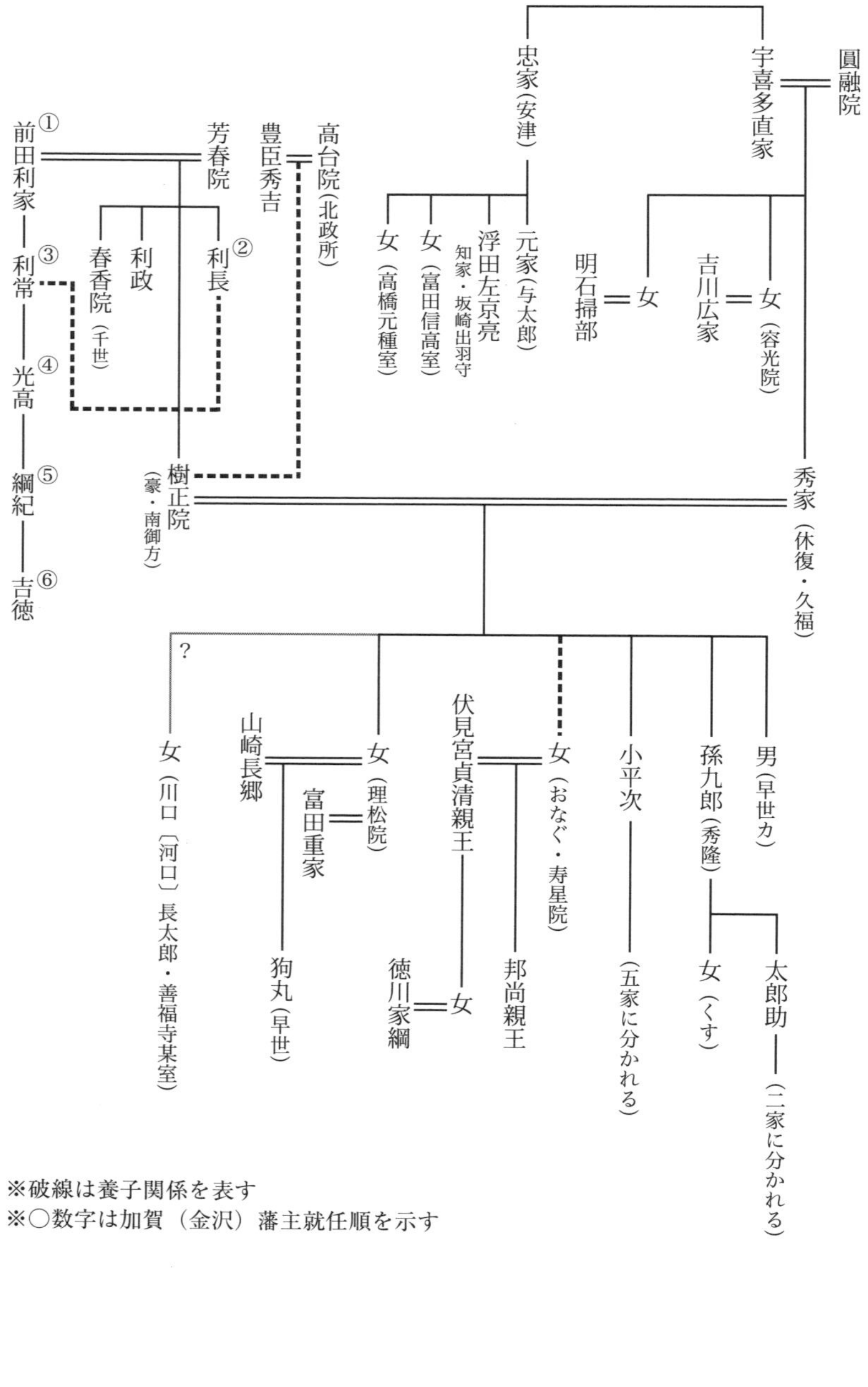

※破線は養子関係を表す
※○数字は加賀（金沢）藩主就任順を示す

論集　加賀藩前田家と八丈島宇喜多一類

序　章　没落後の宇喜多秀家

一、はじめに

慶長五年（一六〇〇）九月十五日、関ヶ原合戦に敗北した宇喜多秀家（一五七二〜一六五五）は、備前・美作二ヶ国および播磨・備中両国の一部（四十七万四千石）を領する大名の地位を失った。本書はこの敗戦を起点とする秀家の没落と、明治維新に至る宇喜多一類（八丈島に流された秀家とその子孫、および秀家に随行した伝前田家旧臣村田助六の子孫）の動向を、主に彼らを支援し続けた加賀藩前田家との関係を通じて実証的に検討する。とはいえ、秀家とその正室樹正院（豪姫・南御方。一五七四〜一六三四）、および二人の子息（孫九郎秀隆・小平次）の生涯は、すでに能う限り詮索した[1]から、本章では過去の拙稿に基づき、関ヶ原敗戦後の秀家夫妻とその子息に関する事実関係を整理し、あわせて加賀藩前田家等による八丈島支援の端緒につき私見を述べる。

二、秀家の逃亡と潜伏

関ヶ原合戦後、徳川方は逃亡した敗将の行方を探った。たとえば、**【史料1】**合戦から二日後、田中吉政（三河国岡崎城主）は、石田三成・宇喜多秀家・島津義弘の三人を生け捕った場合には、その村の年貢を永代無役、討ち果たした場合でも金子百枚を与える旨を触れている。石田三成は程なく捕えられ、同じく縛についた小西行長・安国寺恵瓊とともに、同年＝慶長五年（一六〇〇）十月一日、京の六条河原において斬首に処された。

【史料1】（慶長五年）九月十七日付田中吉政判物(2)

急度申遣候、

一、石田治部少（三成）・備前宰相（宇喜多秀家）・島津（義弘）両三人於捕来者、為御引物其所之物成永代無役ニ可被下旨御諚候事、

一、右両三人とらへ候事、於不成者討果可申候、当座へ為御引物金子百枚可被下旨被仰出候事、

一、其谷中より送候おゐてハ、路次通有様ニ可申上候、於隠候者其者之事ハ不及申、其一類一在所曲事ニ可被仰付候旨候、

右之通候間、追々御注進可申上者也、

田中兵部太輔

九月十七日　　吉政（花押）

秀家は徳川方の探索から逃れ続けた。『寛永諸家系図伝』進藤氏＝秀家旧臣進藤正次（三左衛門）の項によれば、のち秀家が伏見に出頭した折（後述）、本多正純が徳山則秀（五兵衛尉）をもって秀家本人に尋ねたところ、「関原の辺にをひて正次我をかくしたすくる事五十余日なり」と語ったという。『美濃国諸旧記』はまた、十月の末まで美濃国白樫村の郷士矢野五右衛門に匿われたと伝えるが、いずれの説を採るにせよ、詳細は的確にし難い。

『慶長年中卜斎記』（徳川家康の侍医板坂卜斎の覚書とされる）によれば、これも進藤正次の談話が出所であるが、秀家は美濃国の山中から近江国に出、大津・醍醐を経て伏見（京橋）から川船をもって大坂（天満）へ下ったという。そして私見に基づけば、翌年の五月頃まで恐らく上方周辺に潜伏した。江戸の芳春院（前田利家後室、正室樹正院の実母。一五四七～一六一七）が、大坂の春香院「おちよ」（千世。樹正院同母妹。当時細川忠興の息子忠隆室。一五八〇～一六四一）に宛てた【史料2】を参照する。

【史料2】（慶長六年）四月二十日付春香院宛芳春院消息写[3]（部分）

あいつ《（会津）》すミ候ハぬまゝ、ひもし《（前田利長）》のほりもおそく候、うきた《（秀家）》殿にもくたりのひ申候よし、これもせうし《（笑止）》ニ思いまいらせ候、さそ〳〵たよりなく候やと、あんし《（案）》いりまいらせ候、此文京へひんき《（便宜）》候ハヽ、たしかなる物ニやりて候べく候、大ふ《（内府）》ふしミ《（伏見）》へ御こしにて、そこもといさひ《（委細）》まいらせ候べく候、

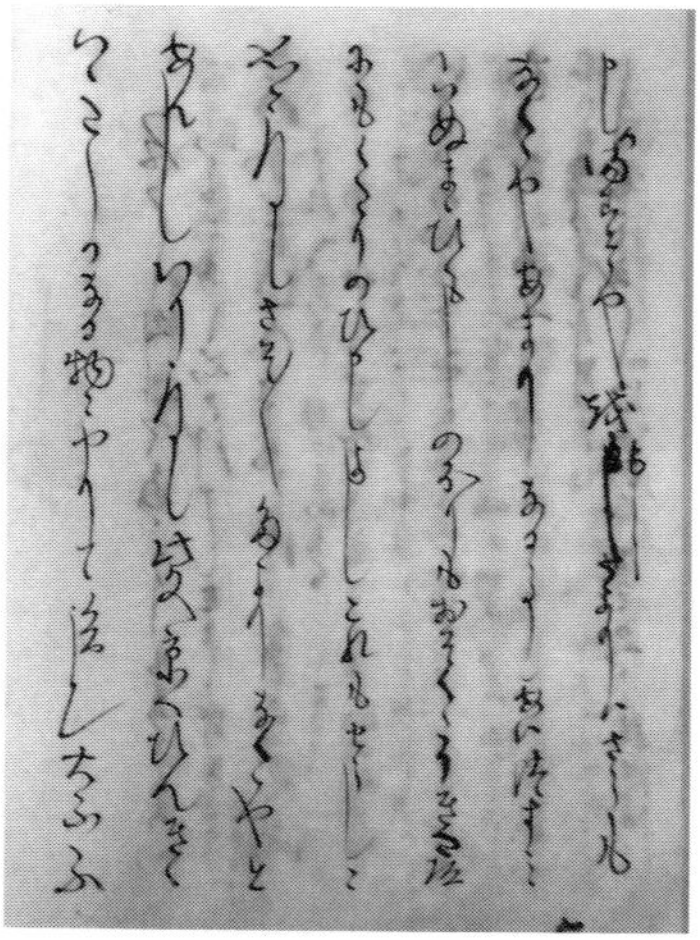

（慶長6年）4月20日付
春香院宛芳春院消息写
（金沢市立玉川図書館近世史料館所蔵
『村井文書』2）

会津若松城主上杉景勝の処分は確定しない、加賀国金沢の前田利長（樹正院同母兄。一五六二～一六一四）の「のほり」（上洛＝家康のもとへの伺候）が遅い、秀家の「くたり」も延期になった。（秀家が）気の毒であるし、（樹正院も秀家を）心配していよう。良い機会があれば、「京」へ確かな者を選んでこれらを伝えるように、と芳春院はいう。筆端から仄見える「京」はけだし、在京の樹正院であ

ろう。消息の年代は、家康の呼称が「大ふ」（内府）であること（家康の将軍宣下は慶長八年二月）、そして「あいつ《会津》すミ候ハぬまゝ」＝上杉景勝の処分未決（景勝の上洛・減封確定は慶長六年七月）を踏まえると、慶長六年に比定できる。また、秀家の情報は、文脈から推して春香院（ないし樹正院）が出所と思しい。【史料2】と同時期の発給と見られる（年月未詳）五日付春香院宛芳春院消息写[4]にも「うきた殿も御くたりも、のひ申候よしうけ給候」とこの消息と同様、秀家の「くたり」遅延が語られる。

以上から、江戸の芳春院がこうした秀家の情報を上方の関係者から得ていたこと、そして秀家が恐らく春香院や樹正院の居所とさほど遠からぬ場所、つまり上方に隠れていたことを想見できる。さらにいえば、秀家が徳川方の目をくらまし続けた背景には、前田氏関係者が何等かの手助けをしていた可能性も考慮すべきであろう。

秀家は上方に潜伏していた。敗戦後、秀家の逃亡を援けた旧臣難波秀経（助右衛門）に宛てた【史料3】自筆書状を見られたい。秀家はここで「我ら身上成立候ハヽ」、すなわち自身の再起を念頭において、秀経の取り立てを約している。【史料3】は、難波家の伝承（「難波経之旧記」[5]）に見える「泉州堺ニ而秀家公、秀経にも御感之御書頂戴、于今所持仕事」云々とある「御感之御書」に相当しよう。とすれば、この時点で秀家は和泉国堺に隠れていたと推断できる。

【史料3】（慶長六年）五月朔日付難波秀経宛宇喜多秀家書状[6]

我ら心中申置候間、宜様ニ其心得たのミ入候、以上、

今度我ら身上儀ニ付而、不顧一命山中江被罷越、其以後方々難堪所、付そい奉公之義、誠以満足之至不浅候、我ら身上成立候ハヽ、其方事一かとの身躰ニ可相計候、今度奉公程無忘却候、向後も我ら身上之儀、諸事無由断、

其心遣肝要候、謹言、

五月朔日　　　　　　秀家（花押）

難波助右衛門（秀経）殿

以上を総合すれば、慶長六年四月～五月頃の秀家が、上方に潜伏して薩摩下向の機会を待っていたこと、そして海路を択んだらしき秀家の薩摩下向が、何度かの遅延や予定変更の上に敢行されたことが指摘できる。

慶長六年六月初頭、上方から海路をとった秀家は薩摩半島の山川湊に着岸した[7]。のちに領主島津忠恒（のち家久）が「備前前之中納言（宇喜多秀家）不意此国へ被走入候」（後掲【史料10】）と述懐するように、秀家の亡命は意想外のことであった。一報をうけた忠恒は「為何事共にて候哉」と戸惑ったが、「京衆」＝秀家の来薩につき吉凶を卜し、「めでたき事」との結果を得て、秀家の受け入れを承認した[8]。島津氏の許容を得た秀家の書簡【史料4】を掲げる。

【史料4】（慶長六年）六月二十九日付島津忠恒宛宇喜多秀家（休復）書状[9]（部分）

猶々我等名之事、先度者成元と申候へとも、さしあい御座候間、休復とかへ申候、為御心得如此候、以上、

今後者身上之儀奉頼罷下処、無別儀御訴訟、誠以忝次第、申竦候、殊重畳御懇候段、更ニ難申伸候、頓以本札可得貴意処、却而如何と延引、背本意候、猶伊勢平左衛門尉（貞成）殿申入候、恐惶謹言、

六月廿九日　　　　休復（花押）

「（見返ウハ書）

〆

羽少将（島津忠恒）様　　　　休復

人々御中」

秀家は恐らく剃髪して「成元」次いで「休復」と改めた。いずれの道号からも再起の一念が垣間見える。以降およそ二年余、島津氏の庇護のもと、秀家は大隅国牛根に身を隠す（この人物の呼称は以下も秀家で統一する）。

秀家が行方をくらます一方、秀家の息子孫九郎（秀隆）・小平次は、徳川方に身柄を拘束されていた。敗戦の年の暮れ、十二月二十日に彼らは上方を発し、江戸へ移送された（『義演准后日記』同日条「備前中納言息今日江戸へ下向云々」）[10]。【史料5〜6】江戸の芳春院は、「めつけ《目付》」を付けられた＝徳川方に拘束された二人の送致を「こゝろいた《心痛》さかぎり《限》なく候」と悲しんだが、「いのち《命》何事候ハて」＝処刑を免れたことには素直に喜んでいる。

【史料5】（慶長六年正月頃）十七日付春香院宛芳春院消息写[11]（部分）

ひせん殿《前田利長》のほりにて候や、世ものとかになり申候、ほつこく《北国》急くたりとさた《沙汰》候ハぬや、あいつ《会津》すミ申候ハヽ、のほりまいらせ候へく候、うきた殿《秀家子息》わもしたちくたりの事にて、これより二日【　】わかミい申候とて、これへもとおり候ハて、すくニくたし申候人おもまいらせ候かとめつけ《目付》つき申候まゝ、かしく、

【史料6】（慶長六年正月頃）十二日付春香院宛芳春院消息写[12]（部分）

びせん殿《秀家子息》わもしたちくたりの事にて候、こゝろいた《心痛》さかきり《限》なく候、いのち《命》何事候ハてまなく《間無》めてたく思いまいらせ候、

樹正院は大坂から京に移住した。息子二人は捕われたが、彼女やその娘は無事であった。後述する秀家処分の決着

後、養女のおなぐ（寿星院。?〜一六一六）は伏見宮貞清親王（慶長九年十一月）、実の娘（理松院。?〜一六一五）も加賀藩士山崎長郷（長郷の死後、加賀藩士富田重家に再嫁）に嫁いでいる。

樹正院は、豊臣政権における秀家の地位を担保した、極めて政治的な存在でもある。[13] 文禄四年（一五九五）に彼女が重篤な病に侵されるや、野狐の憑依と断じた太閤秀吉は、伏見稲荷社にその破却すら仄めかす強圧的な快癒祈祷を命じ[14]、慶長三年正月、彼女が疱瘡にかかると、その容態が増田長盛によって、朝鮮半島に在陣する秀家のもとに報知されている。[15] 死に臨んだ秀吉は、高台院（北政所）に一万貫文、茶々（淀殿）と樹正院にはそれぞれ七千貫文の銅銭を形見分けとして分配[16]した。

秀吉の眼を通すと、むしろ秀家より重要な存在であったのかもしれない。だが、秀吉の死後二年、秀家も行方知れずでは、彼女の政治的役割なり影響力はほとんど失われていたと考えていい。徳川方に与した前田利長への配慮であろうか、樹正院とその娘たちは連座を免れた。

樹正院以下の免責には、高台院の支援という可能性もある。慶長十年五月、「浮田中納言北方」の従者と、左大臣近衛信尹の小姓吉田某とが喧嘩を起こし、手傷を負った吉田某が京都所司代板倉勝重に捕縛される事件があった。[17] 事件の後始末には高台院やその侍女孝蔵主が奔走したが、この事件記録によって我々は、樹正院の在京と、その背後に高台院の庇護があった事実を見出し得よう。

欧文史料からもこの事実は補強できる。イエズス会宣教師は慶長十一〜十二年頃の樹正院を語って、高台院の庇護下にあって、京の教会に資金を援助し、さらにキリスト教に入信したとする（洗礼名マリア[18]）。

関ヶ原合戦後、樹正院が大坂から京に移った理由は定かではない。しかし以上の検討に鑑みれば、彼女は高台院を頼って上京したと考えるのが穏当であろう。

秀家が流罪に処され、娘たちが嫁いだ後も樹正院は京にとどまった。彼女が実兄前田利長を頼って加賀国金沢に移り住むのは、筆者の推定では、慶長十三年冬～同十五年八月以前のことである。

なお、樹正院の金沢下向に、秀家の旧臣中村家正（次郎兵衛。のち刑部。？～一六三七）・一色昭昌（主膳。？～一六五〇）が随行し、そのとき両名ともに加賀藩前田家に再仕したとの伝承（『本藩歴譜』）が流布しているが、実際には各々別箇に、また、樹正院の金沢下向以前に、前田利長に召し抱えられている[19]。一色は慶長五年（秀家没落後）、京において樹正院を介して利長に登用され（今枝直方『重輯当邦諸士侍系図』）、次いで中村が慶長七年、越中五箇山において同じく利長に見出されたという（『先祖由緒并一類附帳』）。両者ともに二千石を知行し、天寿を全うする。

三、秀家助命

慶長八年（一六〇三）八月二十七日、薩摩国の大名島津忠恒に二年余にわたって匿われていた「休復」こと宇喜多秀家が伏見に到着した（【史料8】）。秀家の出頭をうけて九月二日、伏見城の徳川家康が下した処断は、助命の上、駿河国久能への配流という寛典であった（【史料7～8】）。関係史料を掲げて確認しておきたい。

【史料7】（慶長八年）九月二日付樺山久高・鎌田政近宛比志島国貞書状写[20]（部分）

一、休復老御進退之事御侘言罷成、駿河之内くの（久能）と申在所へ可有御堪忍由被仰出候、奥州之ハてニも可被遣処ニ、ほと近く御座候事、是も島津殿御手柄ニて候由、諸人之取沙汰非大方ニ候、従
公方様（徳川家康）も被対島津殿、

被成御赦免由被仰出候、天下之御外聞不可過之候、

【史料8】（慶長八年）九月二日付島津義久宛山口直友書状写[21]（部分。傍線部筆者）

猶々駿河国くの（久能）と申所へは、伏見ゟ五日地御座候、駿府ゟくのへハ一里御座候、以上、

今度中納言（秀家）殿、先月廿七日ニ伏見へ被成御着、拙者所ニ御宿申候、御身上之儀別条無御座、今月二日ニ東へ御下にて候、御落着之地、駿河国くのと申所にて御座候、路次中之儀も、ゆる〳〵と御下候様ニ案内者申談候、御心安可被思召候、御身命之儀、別条無御座候而、貴老様（島津義久）御満足、乍恐奉察存候、御外聞御面目之至、於拙者式大慶不過之存候、猶正興寺御下向之砌可申上候条、早々ニ令言上候、恐惶謹言、

この日、家康に目通りした島津氏の家臣比志島国貞は、【史料7】国許に次のように報じた。秀家は奥州の果てに流されて然るべきを「ほと近く」の「駿河之内くの」移送に決した、人々はこれを「島津殿御手柄」と取沙汰している。家康から島津氏赦免の言質を取ったことも大変な名誉であると。ただし、徳川・島津両氏を仲介する旗本山口直友の書簡（八月十四日付）を徴すれば、秀家の上京を促すなかで「彼御身命之儀別条有間敷と存候」「中納言殿御事御別条有間敷と存候間、御心安可被思召候」[22]云々と島津忠恒に伝えており、伏見到着に先立って秀家の助命は確定していたらしくもある。

次いで島津義久（忠恒の実父）宛【史料8】山口直友の書簡を見る。八月二十七日、伏見に到着した秀家は、直友の屋敷に逗留し、身上に別条なく九月二日に東へ下った。落ち着き先は「駿河国くの」で、路次も緩々と下向できるよう手配したので安心されたい。秀家の身命に別条がなく、義久も満足のうえ面目を施されたことと拝察し、当方も大慶である。「正興寺」（南浦文之）が下向して詳報するだろうが、取り急ぎ申し上げる。なお、「駿河国くの」は伏

宇喜多秀家・休復署判
（東京大学史料編纂所所蔵影写本「難波文書」）

見より五日、駿府より一里の地である。
　また、【史料8】「御落着之地」という表現に着目すると、少なくともこの時点（慶長八年九月）では、徳川方にそれ以上の措置を取る考えはなかったらしい。すなわち秀家の八丈島流刑は、（理由は定かではないが）後年の処遇変更と考えられる。

【史料9】（慶長八年）九月七日付図書入道・樺山久高・鎌田政近宛比志島国貞書状写(23)（部分）

従上州（本多正純）之御状可被成御披露候、然者休復老御住所、駿河之内可為久野（久能）之由候つれ共、彼所ハ萬不弁なる在所ニて候間、府中之御城二之丸ニ可有御座之由被　仰出、先以目出度御仕合無申計候、上州我等ニ被仰候ハ、此度中納言（秀家）殿御事、必以可有御成敗儀ニ候へ共、島津殿依御侘言被成御赦免候、被対御家従　公方様（徳川家康）之御懇、大方之儀ニあらす候、能々承置候へとの御事候、諸人取沙汰も其分ニ候、為御存知候、

　秀家の助命決定から五日後、【史料9】再び比志島国貞の報知によれば、本多正純の書簡および直話の内容は以下の通り。駿河国「久野」は万事不便であるから秀家は「府中之御城二之丸」に落ち着くことになった、そして、成敗必至の秀家が島津氏の執り成しによって助命された、島津氏に対する家康の懇情をよく承知しておくように。島津氏がいかに強く秀家の赦免を求めていたかは、【史料8】山口直友が一通の書簡のうちに、わざわざ秀家の身上に別儀

はないと、繰り返し二度も記したことからも明らかであろう（【史料8】傍線部）。翻っていえば、秀家の助命が容れられなければ島津氏が「御外聞御面目」を失う事態に至ったとも考え得る。

本多正純も【史料9】「必以可有御成敗儀ニ候へ共、島津殿依御侘言被成御赦免候」と伝えたように、かくて島津氏の尽力によって秀家は助命され、駿河国久能山（実際は駿府城二ノ丸）に移されることに決した。

ただし、秀家助命の背景には西笑承兌ら禅僧の活動もあった。秀家を送り出したのち、島津忠恒は相国寺の西笑承兌に書簡を呈し、山口・本多同様に、これに秀家助命の力添えを頼んでいる。

【史料10】（慶長八年）八月二十日付西笑承兌宛島津忠恒書状(24)（部分）

態呈一翰候、備前前之中納言（宇喜多秀家）不意此国へ被走入候間、不及了簡抱置候而、公儀へ致披露、種々御侘雖申候、於手前者事不済候間、抛一命為御侘被罷上候、一旦之罪者雖無遁候、哀以広大之御慈悲、遠島遠国之端へ成共、命計被助置候様ニ、御前之御償、偏所仰候、去春、此旨為可頼存用愚書候処、彼使不慮ニ令遠行候故、相達候をも不存候、彼方へ連々何之仔細も無御座候間、為拙者雖非所気遣申候、一度被相頼候条、於御許容者、可為面目候、本多上州（正純）・山口勘兵衛尉（直友）へも申入候間、被仰談、御入魂此時候、恐惶謹言、

秀家は一命をなげうって謝罪に出向いた。遠島あるいは遠国への配流となっても「命計被助置候様ニ」周旋を願いたい。「彼方へ連々何之仔細も無御座候」＝秀家とは別段の間柄でもなく、薩摩入国も「不意」ではあったが、「一度被相頼候」＝ひとたび頼まれた以上、何とか秀家を助けたい、それが島津氏の「面目」を保つことでもある。【史料10】を意訳をすれば、およそ以上の通り。

当事者たる秀家も無為ではなかった。西笑承兌とは旧知の間柄である[25]。山口直友の伏見屋敷に入った秀家は、【史料11】承兌に早々の来訪を求め、そして閑室元佶と相談のうえ自身の赦免が成るよう助力を依頼した。秀家自身には「兎角罷上一命之御詫言申上度内存」があるが「心底之儀」は書中には尽くし難い。承兌に直接会って存念を伝えたい、と秀家は訴える。

【史料11】（慶長八年）八月二十八日付西笑承兌宛宇喜多秀家（休復）書状[26]

猶々心底之儀書中ニハ更に不得申候、以拝顔得尊意度存候、かしく、

其以来者不得貴意候、愚拙事兎角罷上一命之御詫言申上度内存之処、此節罷上可然やと之儀ニ付而、指急罷上候、夜前伏見へ致上着候、御前之儀是非とも奉頼候、是御取成可忝候、先山口勘兵へ（直友）殿ニ罷居候、乍御苦労早々被成御越候而学校（閑室元佶）被仰談御執成奉頼候、委細此者可得御意候、恐惶謹言、

八月廿八日　休復（花押）

従伏見

「（切封ウワ書）（墨引）

兌長老様　休復

侍者中」

かつて秀家は旧臣難波秀経に対し「我ら身上成立候ハヽ、其方事、一かとの身躰に可相計候」と自身の復権を仄めかしていた[27]。「年久キ家を我等絶シ申事いやニ思食、無理ニ御上り候」云々と、秀家自らが出頭を望んだとの伝承もある（「難波経之旧記」。『乙夜之書物』中にも同様の伝承が見出せる）。けだし秀家は自身の赦免や、実現の可能性は

ともかく復権（恐らく大名復帰）を望んでいた。

西笑承兌のほか【史料11】「学校」こと閑室元佶（当時伏見の圓光寺在）も、島津氏に秀家赦免を報じるなど、この問題に直接関知した気配が濃厚である。(28) 秀家の赦免を島津氏の功績（「貴国御拘之御手柄」）と述べる一方、礼物（砂糖二百斤）を受け取った承兌、そして元佶の関与が、秀家赦免を後押しした。(29) 島津氏の意をうけた南浦文之（「正興」）の運動も想像に難くない。

さらにいえば、徳川方の事情も考慮しておきたい。島津・宇喜多両氏はいずれも関ヶ原において徳川方と干戈を交えた。その一方（島津氏）に本領安堵の恩典を与えながら、所領没収の秀家をなお死罪に処す不均衡を、あるいは徳川方が避けたのかもしれない。島津氏の服従をもって関ヶ原の戦後処理が片付き、家康も征夷大将軍に就いた上は、秀家の首を打つことに徳川方がさしたる価値を認めなかった可能性もある。

ちなみに、秀家の助命について、宇喜多安津（忠家。秀家の叔父）や坂崎出羽守（浮田左京亮。忠家の子。石見国津和野藩主）、戸川達安（秀家旧臣。備中国庭瀬藩主）、そして義兄前田利長といった一族縁者の運動は、確かな史料からは確認できない。目下、彼らと秀家の助命を結び付けて考えるべきではない、というのが私見である。

以上、秀家の助命をめぐる事実関係とその背景として次の四点を確認した。一つには島津氏と山口直友・本多正純らの尽力、二つには禅僧（西笑承兌・閑室元佶・南浦文之）の存在と運動、三つには秀家自身も西笑承兌に執り成しを依頼するなど、自らの赦免のために動いていたこと、四つには徳川方の平衡感覚である。前田氏や秀家旧臣が秀家赦免に動いた証跡は見出し得ない。

【表1】宇喜多秀家以下、八丈島流罪・随行者一覧

No.	姓　名	没年月日	備　考
1	宇喜多秀家	明暦元年（1655）11月20日	休復、次いで久福と号す
2	宇喜多孫九郎	慶安元年（1648）8月18日	秀家子息。従四位下侍従。実名秀隆
3	浮田小平次	明暦3年（1657）3月5日	秀家子息。幼名「八」（『菅家一類続柄補』）。実名秀継という。命日には2月5日、3月6日説有
4	浮田次兵衛	元和5年（1619）10月17日	
5	田口太郎右衛門	寛永20年（1643）6月19日	
6	寺尾久七	寛永10年（1633）8月25日	「久七郎」（『南方海島志』）
7	村田助六	万治元年（1658）10月23日	「助六郎」（『南方海島志』）。道珍斎。医師。加賀藩前田家の命により随行。没年には異説有
8	半十郎	寛永9年（1632）7月23日	「名字不知」（「流人御赦免并死亡帳」）。「半三郎」（『南方海島志』）
9	弥助	寛永7年（1630）11月25日	「御中間」（「流人御赦免并死亡帳」）
10	市若	不明	「御中間」（「流人御赦免并死亡帳」）
11	才若	寛永7年（1630）8月9日	「浮田次兵衛下人」（「流人御赦免并死亡帳」）
12	あい	寛永4年（1627）	「浮田小平次乳母」（「流人御赦免并死亡帳」）。沢橋兵太夫の母
13	とら	寛永3年（1626）2月18日	「あい侍女」（「流人御赦免并死亡帳」）

※「流人御赦免并死亡帳」（『大日本史料』12-4）、『八丈実記』等より作成
※宇喜多秀家・孫九郎・小平次の没年月日は加越能文庫所蔵「浮田中納言家系」に拠る

四、芳春院の支援と孫九郎の異変

慶長十一年（一六〇六）四月、宇喜多秀家は二人の息子（孫九郎・小平次）に「家来又者共」男女十人をともない、配所の八丈島に赴いたという（【表1】）。八丈島は、伊豆七島（伊豆大島・利島・新島・神津島・三宅島・御蔵島・八丈島）の最南端、「黒瀬川」（黒潮）の急流に阻まれた孤島である。

秀家主従の船旅には何等徴すべき確証がない。彼らを八丈島に送り届けた渡邊織部が、秀家からその自筆の和漢朗詠集を船中で贈られた、との伝承が残される程度である（『八丈島記事』・『諳牒余録後編』[30]等）。

以下、引き続き過去の拙稿に基づき、八丈島へ渡った秀家らの消息を、遠島当初から支援に動いた芳春院の証言を手掛かりに整理したい。

秀家の配流から程なく、【史料12】江戸の芳春院はその支援に動いた。慶長十三年の冬である。ところ

が、白米等を用立てたところで「代官」が不慮の最期を遂げ、船着場で物資が足止めされてしまった。

【史料12】（慶長十三年十一月頃）春香院宛芳春院消息(31)（部分）

かわち殿《土方雄久》御事、中々申候ハんやうもなく候、わかミ《我身》かふわるく《符悪》候、ふかわるく候へハさま〳〵つゝき申候、八てうしま《八丈島》へうちまき《打撒》そのほかかたひら《帷子》・れうし《料紙》なとのやうなる物まてとゝのへ《調》、こめ《米》も何か百ひやう《俵》ほと御入候、これにてことし《今年》・めうねん《明年》のよく候ハんと思ひまいらせ候へハ、大くわん《代官》こなたのふなつき《舟着》にてはて《果》申候、やり《遣》申候ものも何となり候やしらす《知》候、京へハかくし《隠》申候、なか〳〵の事にて候、

芳春院の甥「かわち殿」＝土方雄久（河内守）が没し、さらに八丈島への送品も手筈通りに運ばない。芳春院はこれを「わかミ《我身》かふわるく《符悪》候」と嘆いた。「京へはかくし《隠》申候」と、これを秀家正室樹正院（高台院の庇護下、京に居住）に隠すのも頷かれる。以上、細川忠隆と離縁し、上方から加賀国金沢に移っていた実娘春香院への報知である。八丈島への送品は恐らく翌年＝慶長十四年春を待って実行に移された。その事実を物語ると思しき【史料13～14】を次いで紹介する。

【史料13】（慶長十四年十月頃）二十五日付春香院宛芳春院消息写(32)（部分）

八てうしま《八丈島》へ四月ニ中もしわたら《渡》れ候間、此ほとふねふきやう《舟奉行》かゑり《帰》申候、いつれもそくさい《息災》にて御入候よし申候、中もしひとりはて《果》られ候へハ、何もすミ申候に、うたてしき事のミきき《聞》申候、まこ九郎《孫九郎》ハきかちかい《気違》、さん〳〵のよしにて候、うらめしきいのち《命》にて候、二郎もし・かなもしにも御かたり《語》まいらせ候、おひめへも此よ

し御申候、

【史料14】（慶長十四年）十月某日付芳春院消息写[33]（部分）

又、しま《(島)》にハしゝう《(侍従)》殿、き《(気)》かちか《(違)》ひさん〳〵のよし申候、京へハかくし《(隠)》申候、なもしへかよ《(ママ)》へまいらせ候、文申候ハんか、かきへ候ハて、事つてよく御申候、

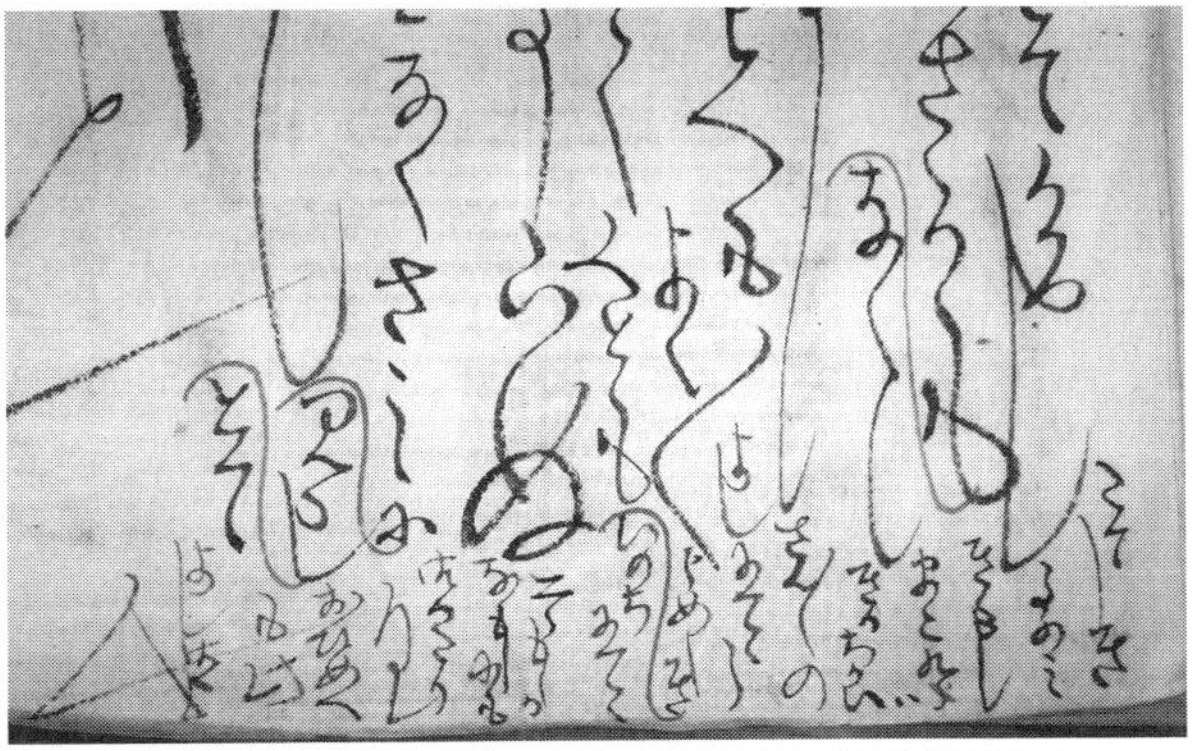

（慶長14年10月頃カ）25日付春香院宛芳春院消息写
（金沢市立玉川図書館近世史料館所蔵『村井文書』5）

さきの【史料12】同様、いずれも読過に堪えぬ芳春院の書簡二通（春香院宛、および宛先不明の各一通）である。四月に八丈島に渡った舟奉行が立ち戻り、秀家以下の人々の息災を知らせたが、孫九郎は精神に異常を来していた（「まこ九郎《(孫九郎)》ハき《(気)》かちか《(違)》い」・「しゝう《(侍従)》殿、き《(気)》かちか《(違)》ひ」）。「おひめ」へも伝達を求めているが、この女人は同時期の前田利長消息（後掲【史料17】）でも「おひめ」と呼ばれる理松院（秀家の娘）であろう。八丈島へ渡った「中もし」や「三郎もし」・「かなもし」は誰人か不明。【史料14】「京へハかくし《(隠)》」云々とあるように、この孫九郎の錯乱は先の【史料12】同様、樹正院には隠されたようである。

関ヶ原合戦以前、幼少にして従四位下侍従、豊臣政権の「大老」秀家の嗣子として将来を嘱望されながら[34]、八丈島の流人として全ての可能性を潰された孫九郎の境遇は、秀家以上に痛ましい。

秀家の没落がなければ、まったく別の生涯を送っていたはずである。

関ヶ原合戦の直前、徳川方の戸川達安、――これより先、いわゆる宇喜多騒動[35]において秀家に反抗し、家中を離脱したこの人物が、明石掃部（秀家の有力家臣）に対して秋波を送った。慶長五年八月十九日付の書簡[36]（案文）である。戸川は述べる。「秀家御身上之儀、此時滅亡と存事候」。だが、「侍従殿（孫九郎）御事幸内府様（徳川家康）むこ（婿）ニさせられ候御事に候」云々、すなわち徳川家康は「侍従殿」を「むこ」として取り立てる意向であると。戸川は、家康の婿（次掲【史料15】から推すと孫婿カ）に迎えられる予定であったと思しい「侍従殿」＝孫九郎を、秀家に代わって押し立てて、大名宇喜多氏の存続を図るようにと、明石に寝返りを促したのである。

明石がこの誘いを容れていたならば、――と想像を膨らませるのは自由である。一つの新出史料を挙げて、大名宇喜多氏が亡びていなかった場合の、ある可能性を紹介しておく。

加賀藩主前田家の系譜【史料15】『菅家一類続柄補』[37]から、宇喜多秀家の子女を書き付けた箇所を取り上げたい。

【史料15】『菅家一類続柄補』（部分）

△秀家卿息

○女子　万　早世

○侍従　池田三左衛門（輝政）女為秀忠公養子可娶約成処ニ、父拠逆意慶長五年父同事流罪八丈島、

○女子　伏見殿（貞清親王）室子有、元安芸毛利婚姻約有ト云ヘトモ拠父流罪違反、

○八　於八丈島彼代官左近為婿、

○女子　伊達越前守（政宗）婚姻之有約ト云ヘトモ同前異反、後山崎閑斎男安房守（阿波長郷）妻、其後冨田下野守（重家）室、

この記事を編纂史料という一点によって斥けるのは容易い。しかし、前田利常（利家の四男。一五九三～一六五八）の子女を記載の下限とし、利常に先立った前田光高（利常の嫡男。正保二年〔一六四五〕没）や本多政長（加賀藩年寄役）の室（利常の娘。慶安二年〔一六四九〕没）の命日・法名を記す一方、利常の記事が寛永三年（一六二六）の従三位権中納言叙任で途切れている点から推せば、成立年代は（利常が病没する）万治元年（一六五八）以前に絞り込めよう。

また、【史料15】孫九郎と徳川秀忠養女との婚約については、さきの戸川達安書状と符合するし、太閤秀吉がその最晩年、秀家の娘を毛利秀就（輝元の長男）に嫁がせるよう指示した事実[38]も、【史料15】「元安芸毛利婚姻約有」との記事と一致する。戸川の書状はその子孫のもとに久しく秘蔵され、毛利家との縁組も、わずかに萩藩毛利家が天保～文久年間（一八三〇～六四）に編纂した『閥閲録遺漏』所収の史料に拠らなければ確認できない。八丈島において「代官左近」の婿となった男子＝小平次を「八」と表現する点も、【史料15】の筆録者＝恐らく加賀藩関係者が確認し得なかったであろう同時代史料（『義演准后日記』[39]）と一致する。つまり、【史料15】は、現在であればこそ確認できる各種の同時代史料以外の、独自の情報源に拠ったと考えるほかない。その独自の情報源はしかも、史実に精確であったと評価できよう。また、「伊達越前守《政宗》婚姻之有」を、伊達政宗の血縁者、たとえば、政宗の長子秀宗（のち伊予宇和島藩主）との婚約と見れば、これはやや飛躍した推測ながら、慶長五年の石田三成挙兵時、秀宗がなぜ宇喜多屋敷に移されたかを整合的に説明できる（『寛永諸家系図伝』）。【史料15】引用外の記載を見ても「△秀家卿息」と同世代の人々に、目立った齟齬は見当たらない。

孫九郎の兄[40]（秀家の長子。早世カ）に言及がない点など、すべてが事実とはいえないが、些末ながら考証を加えると【史料15】の記載は、おおむね信憑するに足るのではないか、というのが私見である。そこで改めて【史料15】を徴すると、大名宇喜多氏の改易がなかった場合の、秀家子女の将来が、わずかではあるが垣間見える。孫九郎は徳川秀忠の養女（池田輝政の娘）を娶り、二人の妹（寿星院・理松院）は大々名というべき毛利家・伊達家（伊達政宗の長男秀宗辺りカ）へ嫁ぐはずであった。かかる可能性を考えると、八丈島における孫九郎の錯乱もあるいは至当の成り行きかとも思われる。

しかしこの同情すべき若者の異変につき、筆者にはこれ以上の材料はない。後年、大坂落城を知った孫九郎が伊豆へ渡っての挙兵を企て、これを秀家が止めたとの伝承（『宇喜多家一件』）もあって、その背景に尋常ならざる孫九郎を想定することも興味深くはあるが、かかる話柄は、もとより史的検討に値しない。なお、さきの明石掃部はこの大坂の陣に豊臣方として参戦し、行方をくらますが、その娘を加賀国において匿ったのは、秀家の義母芳春院であった[41]。

その芳春院の消息から、さらに八丈島での秀家親子の苦境のほどを垣間見る。

【史料16】（慶長十六年二月頃）二十三日付春香院宛芳春院消息写[42]（部分）

一ふて申まいらせ候、うきた殿《（秀家）》ニ御くたりの身のおき所なく、あんし御入候に、ろしすから《（路次）》御そくさい《（息災）》の御事候やと心もとなく思まいらせ候、せツかく御ちさう《（馳走）》まいらせ候、

例によって年月不明ながら、文中の「ひせん《（利長）》のわつらひほんふく《（本復）》」・「たかをか《（高岡）》にハやしない《（養）》の五もしはてられ《（果）》」（引用外）云々から年代の絞り込みが可能である。すなわち利長が断続的に腫物に苦しんだのは慶長十五年春以降、そしてこの時期に没した利長の息女（ないし利長所縁の女性）は、慶長十六年二月二十一日に早世した娘（満姫）の

みである。すなわち【史料16】の年代は慶長十六年二月下旬以降さして隔たらぬ時期に比定できる。そこで改めて【史料16】を徴すると、八丈島に「御くたり」の秀家には身の置き所がないだろう、息災か否かもわからぬから、「せツかく御ちさう」＝秀家を支援すべきと読める。八丈島への支援継続を仄めかす点を確認しておきたい。

次いで樹正院の金沢移住について。【史料12・14】の「京」を樹正院と仮定すれば、慶長十三年冬～同十四年十月頃までは彼女は京にあったと考えることができる。彼女の離京を明示する史料は未発見だが、次の【史料17】を見れば、彼女が恐らく慶長十五年八月以前には、京を離れていたことが推断できる。

【史料17】（慶長十五年）八月十八日付山崎長徳宛前田利長消息写(43)（部分）

尚々びぜん《備前》のかうしつ《後室》へハ、色々のちさう《馳走》の由候、ぞうさ《雑作》とも候、

一ふて申入候、仍びぜん《備前》のかうしつ《後室》かへられ候間、そこもとよきやうにたのミ入候、又候おひめニハいろ〳〵ねんころ《懇》の由、おろきか《ママ》物語申候、まんそく《満足》申候、おひめもまんそく《満足》のよし物語申候、前々よりねん《念》の入られ候由、きとく《奇特》とかんし入候、

宛所が「山長門」（加賀藩士山崎長門守長徳）とあるので、この人物が剃髪して「閑斎」を名乗る慶長十六年四月以前の消息である。(44)「びぜん《備前》のかうしつ《後室》」は樹正院、「おひめ」は山崎長郷（長徳の息子）に嫁いだ樹正院の娘・理松院であろう。樹正院が「かへられ」るので、在金沢の山崎長徳に彼女を「よきやうに」対応するよう利長は求めている。恐らく「かへられ」云々は越中国高岡に隠居の利長を訪ねた樹正院が、加賀国金沢に戻ったと理解して大過ない。とすれば、慶長十三年冬～同十四年十月頃までの彼女の居所は京であるから、【史料17】の年代は慶長十五年が

穏当であろう。以上の知見を総合すれば、樹正院が京から金沢へ移った時期は、慶長十四年十月頃～慶長十五年八月以前に絞り込めるのである。

加賀国金沢に移った樹正院は以後「備前様」と呼ばれたらしい。[45] 化粧料千五百石を給され、金沢城下の高岡町に屋敷を構えて余生を過ごした（『前田修理家譜』等）。[46]

二人の娘はともに彼女に先立った。命日は加賀藩士に嫁いだ理松院が元和元年（一六一五）十月八日、伏見宮家に嫁いだ養女寿星院が元和二年六月二十四日である。[47] このほか同母兄前田利長を慶長十九年五月二十日、実母芳春院を元和三年七月十六日に失うなど、樹正院は同母妹春香院を除く近親者をことごとく見送ったことになる。

樹正院の晩年は、ほとんど不明裡にある。わずかに寛永七年（一六三〇）の七月中旬、秀家旧臣難波秀経が、同じく秀家旧臣の加賀藩士中村家正・一色昭昌の案内によって樹正院と対面したこと、そして翌寛永八年春に八丈島との音信があって、彼女に秀家親子の息災が伝えられたことの二点を知り得るのみである。[48]

樹正院墓所　金沢市野田山（著者撮影）

備前国から遠路金沢を訪れた難波秀経は、持参した「利休切之竹の花生」・「てほう兼常の包丁」を進上して盃と褒美とを賜った。「御主の御道具」（秀家の所持品）であった「花生」・「包丁」を手にした樹正院は「御落涙」したという。八丈島との音信は、樹正院の侍女らしき人物が「しま《八丈島》へもこのはる《春》ふね《舟》にいり御ゐんしん《音信》などもなされ候、御三人さまながら御そくさい《息災》さまに御入候よし」云々と書き留めている。管見の限り、秀家存命中の加賀藩前田家と八丈島との音信事実は、前述の慶長十三～十四年とこの寛永八年、そして同十八年の三例を数えるばかりである。

加賀藩年寄役奥村易英の記録に見出せる寛永十八年の事例[49]では、前藩主前田利常（寛永十六年に隠居）が「金壱歩」を「八条島久福様御父子」に送ったという。書面の往来もあったであろうが、秀家親子の息災を喜ぶべき樹正院はすでに泉下の人であった。

樹正院の命日は寛永十一年五月二十三日。享年六十一。葬儀は恐らく金沢宝円寺で執行された。墓所は実父前田利家らと同じく野田山に残されている[50]。

五、沢橋伝承再考

八丈島宇喜多一類は、子々孫々明治維新に至るまで加賀藩前田家の支援にその生活を援けられた。この著名な伝承はしかし、漠然と語られてきた感が強く、従来その端緒は、加賀藩士沢橋兵太夫なる人物の行動にあるとの口碑が唯一の手がかりであった。たとえば、天保九年（一八三八）成立の『本藩歴譜』が「其御贈物ノ起ハ八郎君ノ乳母ノ子沢橋兵大夫ノ訴訟ヨリ始レリ、事ハ駿台雑話ニ委ク載ル[51]」と述べるように、すでに藩政期から沢橋伝承が、八丈島支援のきっかけに位置付けられている。

かかる理解は以後も久しく大勢を占め、先行研究は『本藩歴譜』同様、室鳩巣（一六五八～一七三四）『駿台雑話』（享保十七年〔一七三二〕自序）や、有沢武貞（一六八二～一七三九）『古兵談残嚢拾玉集』（享保二十一年〔元文元年〕自跋）等を引いて、八丈島への支援開始を説明する。

郷土史家森田柿園（平次。一八二三～一九〇八）の大著『金沢古蹟志』十一は「前田家より八丈島宇喜多家の子孫へ年々物品ヲ贈られ、彼の子孫世々此贈物に依て活計を立たるもの、是全く沢橋兵大夫が忠孝の真心より起りたる美事なること知られける」とし、日置謙（一八七三～一九四六）『改訂増補加能郷土辞彙』も『駿台雑話』・『古兵談残囊拾玉集』の沢橋伝承をもって八丈島支援の始まりとする。(52)

近時に至っても藤島秀隆氏は「加賀藩側の記録である『古兵談』および『古兵談残囊拾玉集』並びに室鳩巣の著『駿台雑話』等によれば、この贈物の起こりは沢橋兵太夫なる人物の直訴に基づく」(53)とする。『駿台雑話』が「翁加賀にありし時、其いはれを故老に問に、沢橋兵太夫といふ者より起りたる事なり」と記すように、この理解は室鳩巣の時点から、ほとんど変化がない。

藤島氏は編纂史料を比較衡量して、八丈島支援の開始時期を元和九年（一六二三）以降、加賀藩主前田綱紀（利家の曾孫。一六四三～一七二四）による送品記録が残る天和元年（一六八一）までのある時期と結論づけた。ただし、藤島氏の議論は、沢橋伝承を所与の条件として、この説話が「どのように生成され、発展し流布していったのか」という点に眼目を据えている。沢橋伝承が事実か否かの検討には立ち入らない。

手厳しくいえば、沢橋伝承には批判的な検討が絶えて存在せぬのである。そこで、沢橋伝承の初見史料を以下に紹介し、端的にその是非を問うてみたい。

掲げる史料は【史料18】加賀藩士関屋政春（一六一五～八五）の述作『乙夜之書物』である。関屋は【史料18】の記事を収めるこの冊子を寛文九年（一六六九）閏十月十一日に脱稿しており、沢橋伝承を明記する史料としては管見の限り最も古い。恐らく若き日の室鳩巣が沢橋伝承を耳にした時点ですでに存在していた書物である。

『乙夜之書物』によれば、沢橋兵太夫の母は、七歳の「若君」（秀家の息子小平次カ）の乳母として秀家の八丈島配流に随ったという。彼女は「秀家ノ御内室」に「兵太夫事奉頼ト書付ヲ残シ八丈島エワタリ」、「寛永ノ末ニ病死」したらしい。これに続いて関屋は次のように話を継ぐ。

【史料18】関屋政春『乙夜之書物』中(54)（部分。傍線部筆者）

一、右沢橋兵太夫五歳ニテ母ニステラレ、父ニハ三歳ニテハナル、、然トモ備前様《（樹正院）》御キモイリ《（肝煎）》テ微妙院様《（前田利常）》エ被
召出弐百石被下、御馬廻リ与ニ被仰付ル、二拾二三歳ニテ御家ヲハシリ、御上洛ノ時ニ二条御城下馬前ニテ
台徳院様《（徳川秀忠）》エ目安ク《（ヲ）》上ル子細ハ、父ニハ三歳ニテハナレ、母ニハ五歳ニテハナレ、親ト云者ヲイマタシラズ、父ハ
死申上ハ不及カ、母ハ八丈島ニ存命ナリ、母モ我モ命ノ内ニ一度マミエ申度候、御シヒ《（慈悲）》ヲ以テカノ島エ被遣被
下候ヤウニト、台徳院様フビン《（不憫）》ニヲボシメシ、誰ニテモヨシミノ者ハナキカト
御尋、親類モエンシヤ《（縁者）》モナキ身ナリト云、近付チイン《（知音）》モナキカ、其ハ御座候ヘ
トモ唯今此身ニナリ申トモ請合申間敷ト、我先主ノ内室ノ兄弟ニテ御座候間、
前田大和守《（利孝）》ヲ頼可申ヤト云、一段可然トテ前田大和守様エ御預ケ被成、京都ニ
テハ御隙無之、江戸ニテ御聞届可仰付トテ、江戸ニテ御ギンミ《（吟味）》フビンナル事ニ
ヲボシメサル、間、カノ母八丈島ヨリ被召帰、兵太夫ニ可被下ト被仰出、兵太
夫御請難有奉存、併我等五歳ノ時ステ、八丈島エマイリタル、母唯今ヨビニ被
遣トモ中々主君ヲステ帰リ申間敷、唯我等ヲ被遣可被下ト重テ申上ケレトモ不
叶、シカラバ心安ク通シヲ御サセ可被成トテ、ソレヨリ秀家公エモ此方ヨリ御
心安ク通シナリタリ、大和守様御カンシ被成、身上ノ事御請取被成ト被仰ケレ
トモ、左様ニ仕候ヘハ唯今マテノ事我身ノ為ノ様ナリ、左ニテハ無御座、此上
ハ古主君ノ御内室エナリトモ奉公可仕トテ又加州エ来ル、備前様フヒンニ思

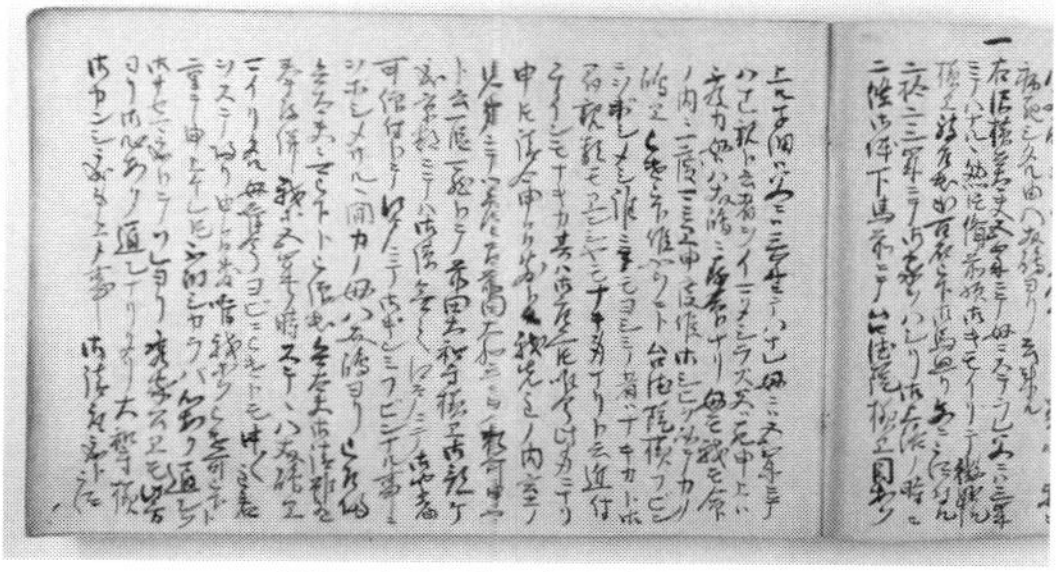

関屋政春『乙夜之書物』中
（金沢市立玉川図書館近世史料館所蔵）

召、其上八丈島エノ通シ初テ御心安クナリタル事、御満足カキリナク、又微妙院様エ被仰上、本ノ弐百石被下、御馬廻リニテ慶安頃病死シタリ、此備前様ト云ハ秀家ノ御内室ナリ、

簡単に整理する。加賀藩主前田利常の家臣（馬廻二百石）沢橋兵太夫は、「二拾二三歳」の折、主家を致仕して、「御上洛ノ時」二条城「下馬前」にて徳川秀忠に直訴を試みた。八丈島の母に会いたい、八丈島渡島を許されたいとの望みである。秀忠はこれを憐れみ、前田利孝（利家の五男。上野国七日市藩主）に沢橋を預け、沢橋の訴えは秀忠の江戸帰着後、江戸にて詮議された。八丈島の母を呼び戻すとの結論が出た。これに対し沢橋は、母がこの沙汰に従うとは考えられない、自身を八丈島へ遣わすよう重ねて願い出たが、幕府は許可しなかった。「シカラバ心安ク通シヲ御サセ可被成」と、八丈島との通信を承認するにとどめた。

前田利孝はまた、沢橋を取り立てようとしたが、沢橋はこれを謝絶し、樹正院を頼って加賀国へ戻った。樹正院は沢橋の行動によって八丈島との通信が「御心安ク」なったことを喜び、異母弟前田利常に口添えした結果、沢橋は元通りの待遇に戻された。

以上が【史料18】『乙夜之書物』による沢橋伝承の概要である。伝承の基本線（兵太夫の致仕や幕府への直訴）は後続の編纂史料に引き継がれているが、道学的潤色の混じる『駿台雑話』や、兵学者流の敷衍が色濃く施された『古兵談残嚢拾玉集』よりも簡素＝史実に率直であると推測できる（関屋もまた兵学者であったが、その著述『古兵談』等を、有沢武貞は『古兵談残嚢拾玉集』の題目からも明らかなように、さらに自らの知見に基づいて膨らませたといえる。その点で有沢の見解は関屋のそれより、なお史実から遠ざかっていると判断できる）。この筋書きが一定の事実を反映している可能性は、成立年代の早さや、記事の情報源に中村家正・一色昭昌ら秀家旧臣の記憶が想定できる

点で高いといえよう。

このように『乙夜之書物』を仔細に検すると、沢橋伝承それ自体の蓋然性は担保できる。しかし、これを加賀藩による八丈島支援の端緒と目した先行研究の理解は、残念ながら否定せざるを得ない。

結論をいえば、加賀藩の八丈島支援は、前節で確認した通り、沢橋兵太夫の登場を待って開始されたわけではない。その点で先行研究の所論は間違っているのだが、厳密にいえば、先行研究が見誤ったのは沢橋伝承の理解そのものである。

再び【史料18】『乙夜之書物』から沢橋の願出に対する幕府の対応を徴すると、「シカラバ心安ク通シヲ御サセ可被成トテ、ソレヨリ秀家公エモ此方ヨリ御心安ク通シナリタリ」（傍線部）とある。沢橋の渡航は不許可だが、八丈島との「通シ」を「心安ク」すべしと沙汰し、以降、秀家と「此方」（恐らく加賀藩を指す）の通信が「心安ク」なったと読み取れる。つまり【史料18】自体は、沢橋伝承を支援の発端と語るのではなく、これ以前の加賀藩と八丈島との音信を匂わせ、それが公許を得て、より容易になったことを伝承している。

先行研究はすなわち、『乙夜之書物』を見落とし、さらに『乙夜之書物』より後代に成立した『駿台雑話』等の編纂史料を鵜呑みにして批判的な検証を怠ったために、沢橋伝承を八丈島送品の端緒に位置付けるという事実誤認を犯していたのである。

以上、沢橋伝承はある程度の事実に基づく可能性が高いが、これを加賀藩による八丈島支援の端緒とする先行研究の評価が誤っていること、そして沢橋伝承を事実と見なす場合も、（支援の端緒ではなく）むしろ支援を容易にした画期として理解すべきことを指摘した。

六、旧臣の支援と秀家の最期

八丈島は伊豆諸島の最南端、近世日本の最果て、あるいは「豆州《伊豆国》ヨリ東南ノ隅ニ当テ、日本ノ地ヲ離ル事百有余里」（『古兵談残嚢拾玉集』）と観念された絶海の孤島である。[55] 幕府は同島を直轄し、支配の拠点（陣屋）を大賀郷に置いた。八丈島はこの大賀郷のほか、三根村、末吉村、中之郷、樫立村の五ヶ村から構成されている（大賀郷・三根村には、元来それぞれ大岡郷・三峯村の称があったという）。

【表2】支配代官は、慶長年間（一五九六～一六一五）の奥山氏以下が知られているが、良質な史料に恵まれず在島・在任期間等々、詳細が明らかとは言い難い。「伊豆国附」島々の一つであった八丈島が、他の群島と一括支配されるようになった経緯もまた不明である。寛文九年（一六六九）以降、八丈島の管轄は、伊豆国の支配代官（三島代官、のち韮山代官）に切り替えられた（一部例外あり）。

この支配体制の転換にともない、代官による在島支配は廃止され、その手代（代官の属僚）が代わって赴任・在島することになった。寛文九年三月二十三日、代官谷次利（庄兵衛）の致仕をうけ、「八丈島御代官」に就いた伊奈忠易（兵右衛門）は、幕府から「右《八丈島》支配仕、折々手代遣可申候旨」を命じられている（『柳営日次記』）。

さらに享保八年（一七二三）以降は、手代の派遣も廃絶し（『八丈実記』）、諸般の政務は菊池や奥山を名乗る土着の有力者＝地役人が担うに至ったらしい。

八丈島の支配体制はかように変化したが、宇喜多一類と島外との音信が、八丈島管轄の代官を介して行われた点は近世を通じて不変であった。宇喜多一類に宛てて物資を送る加賀藩前田家にしても、その間に介在する代官との関わ

【表2】八丈島代官一覧（宝暦年間以前）

年代	人名	備考
慶長7年(1602)～	奥山忠久(縫殿之助)	
慶長13年(1608)～	奥山忠頼(弥九郎)	
		※数年代官不在という
元和6年(1620)～	今宮惣左衛門	
元和8年(1622)～	小宮山八兵衛	
寛永2年(1625)～	豊島忠次(作右衛門)	
	豊島忠松(作十郎)	※豊島忠次の子。正保2年(1645)9月20日 八丈渡海途上で遭難(寛政重修諸家譜)
正保2年(1645)～	谷次利(庄兵衛)	※寛文9年(1669)3月23日 御役御免(柳営日次記、寛政重修諸家譜)
寛文4年(1664)～	谷次勝(弥五右衛門)	※谷次利の子。父を補佐し、ともに代官を務める。寛文9年(1669)3月23日 御役御免(寛政重修諸家譜)
寛文9年(1669)～	伊奈忠易(兵右衛門)	※以降、伊豆国支配代官が管轄 ※寛文9年(1669)3月23日 支配地に八丈島を加える(柳営日次記)
天和3年(1683)～	竹内信就(三郎兵衛)	※貞享元年(1684)2月23日 (三島)代官任命とも(寛政重修諸家譜)
貞享4年(1687)～	五味豊法(小左衛門)	※貞享4年(1687)8月11日 (三島)代官任命(寛政重修諸家譜)
元禄8年(1695)～	設楽正秀(喜兵衛)	
元禄13年(1700)～	小長谷正綱(勘左衛門)	
宝永7年(1710)～	小林正府(又左衛門)	※宝永7年(1710)2月晦日 (三島)代官任命(寛政重修諸家譜)
正徳4年(1714)～	河原正真(清兵衛)	※享保8年(1723)代官手代の赴任廃止(八丈実記)
享保11年(1726)～	日野正晴(小左衛門)	※「当分御預所」(八丈実記)
〃	山田邦政(治右衛門)	
享保14年(1729)～	斎藤直房(喜六郎)	
寛延元年(1748)～	大屋明薫(杢之助)	※「当分御預所」(八丈実記)、通称杢之丞とも(寛政重修諸家譜)
寛延2年(1749)～	山本親行(平八郎)	
宝暦9年(1759)～	伊奈忠宥(半左衛門)	

※「年代」「人名」ともに原則として『八丈実記』の記載に従い、異説等は「備考」に注記した。
※なお、宝暦８年(1758)、江川英征(太郎左衛門)の韮山代官任命(三島代官の廃止)を経て、(明和５年(1768)以降、寛政３年(1791)～天保10年(1839)の期間を除き)伊豆国韮山代官江川氏が八丈島を管轄・支配した(『八丈実記』等)。

り方は、残存史料を見る限り、十七世紀後半以降、近世のどの時点を見ても目立った相違はない。この八丈島管轄の代官を本書では加賀藩関係史料上の記載（「八丈島御代官」・「彼島御代官」、あるいは単に「御代官」）に基づき、以下「八丈島代官」と呼称する。

さて、この八丈島代官を介して宇喜多一類の無事を確かめ、これを支援したのは、加賀藩前田家のみではなかった。秀家旧臣の進藤氏や花房氏を忘れてはならない。

進藤正次は関ヶ原敗戦後、秀家の潜伏を援けた例の家臣である。正次は幕臣（旗本）に転じたが、彼やその子孫は八丈島の旧主へ白米などを頻々送り届けていたらしい。

【史料19】酉六月朔日付進藤三左衛門宛宇喜多秀家（久福）書状写(56)

猶々、去年返事進候、相届候哉、万々申渡候へとも急候間不具候、以上、

八月八日之御状、当年五月朔日相届欣然至候、貴殿御堅固之由大慶存候、将又米弐俵給由、毎便に御悃情怡悦程更難に紙尽上候、難風付而抛其品相届不申候、心外此事候、拙者永々牢居候へハ朝夕の烟の心ほそさ可有御察候、増而近年者被犯老病臥居申候、度々御音信難尽短毫候へハ何とも難申候へとも金子弐三両可給候、飯米令借用かたへ遣候不協候間頼入存候、恐惶謹言、

酉六月朔日　　久福（花押影）

進藤三左衛門殿　参

「酉」年は慶長十四年（一六〇九）、元和七年（一六二一）あるいは寛永十年（一六三三）であろうか。進藤正次は

慶長十七年七月に齢四十九で没しているから（『寛永諸家系図伝』）、同十四年でなければ【史料19】の宛先は正次の子息正成（三左衛門）であろう。

前年八月八日付で進藤は米二俵を送ったが、便船は遭難し、書面だけがこの年五月一日に秀家の手元に届いたらしい。「永々牢居」で「老病」に犯された秀家は、「飯米」を借りるため金二〜三両の送付を求めている。秀家は前年にもこうした返書をしたためたというから、進藤からの支援は以前にもあった可能性が高い（【史料19】）。なお、秀家の食料調達に関しては、他愛もない請取状であるが【史料20】が確認できるので参考までに掲出しておく。

【史料20】午五月十六日付宇喜多秀家（久福）請取状[57]

　　　請取兵粮
むき《麦》壱升八合也、たしかにうけとり《請取》候也、
　　午五月十六日　　　久福（花押）
ひかしさと《東里》　おほ[redacted]

以上、秀家の旧臣進藤氏が一度ならず旧主へ支援を行っていた事実を【史料19】から確認した。

次いで花房氏の場合。宇喜多騒動によって秀家と袂を分かち、関ヶ原合戦を経て、旗本に転じた花房秀成（志摩守。諱は正成とも）の子孫も八丈島との音信を絶やさなかった。その端緒は定かではない[58]。次の【史料21】は「花房志摩守」から送られた米二俵その他の礼状である。

【史料21】寅年六月二十三日付花房志摩守宛宇喜多秀家（久福）親子連署状(59)

尚々、久福所へ米五斗入壱俵、孫九郎・小平次所へ五斗入壱俵給候、左近慥に請取申候、以上、

去年御状本望存候、殊音信給候、怡悦至難尽紙上候、将又豊作十《（豊島忠松）》殿へ御言伝之物目録相届申候、請取候通書付、三人判仕相渡申候、重畳喜悦無申計候、爰元弥難堪為体、可有御推量候、出国之御詫言御肝煎共之由、大慶此事候、別ニ申度候へとも、急候間不克巨細候、恐惶謹言、

寅年六月廿三日　久　福（花押）
孫九郎（花押）
小平次（花押）

花房志摩守殿

白米五斗入二俵（秀家に一俵、孫九郎・小平次に一俵）と代官豊島忠松（「豊作十」）に「御言伝之物」が目録通り到着したから、（恐らく目録に）秀家親子三人で確かに受領した旨を書き付けて判を据えた。「爰元」での生活の堪え難さを推察されたい。「出国之御詫言」をめぐる尽力は喜ばしい（【史料21】）。

過去の拙稿(60)では本状の「寅年」を慶長十九年、「花房志摩守」を花房秀成と比定したが、文中の「豊作十」は代官豊島忠松（作十郎）と目され、その在任期間から推して近年刊行された『大日本史料』(61)の註釈通り、「寅年」は寛永十五年、「花房志摩守」は秀成の子息幸次と訂正する。秀家はこの年、齢六十七であった。

進藤氏と八丈島との関係は【史料19】が唯一の拠り所だが、花房氏には【史料21】のほか、さらに歳月を隔てて【史料22】が確認できる(62)。花房氏は秀家の死後も八丈島との関係を維持していたらしい。

【史料22】八月十五日付花房三十郎宛平岡仁右衛門書状(63)

「端裏書」
花三十郎様　　平岡仁右衛門

以手紙啓上仕候、先以久々不得貴意候、御病気御座被修由承知仕候、御保養専一奉存候、何角御無音仕候、

一、宇喜多家之儀、能キ手筋ニ而漸承出シ申候、別紙書付進上仕候、尤御返被下ニ及不申候、外江者御沙汰無御坐様ニ奉頼候、万々期貴顔可申上候、以上、

八月十五日

差出・宛先ともに幕臣である。『寛政重修諸家譜』等々から見当を付けると、「平岡仁右衛門」は、平岡仁右衛門資頻（一六五二〜一七三三）あるいはその跡を継いだ仁右衛門資模（一六九八〜一七八六）、「花三十郎」は、花房秀成の玄孫三十郎正朝（一六七九〜一七五二）、ないし系譜上正朝の孫にあたる三十郎正応（一七五〇〜九九）のいずれかであろう。平岡資模の致仕が安永九年（一七八〇）、花房正応の家督継承が寛政五年（一七九三）であるから、「花三十郎」は正応でなく、恐らくは正朝か。また、花房正朝が襲封した享保九年（一七二四）には、すでに平岡資頻は致仕して「三休」と号している。従って「平岡仁右衛門」には、正朝に保養を勧める文面から推しても、年嵩の資頻ではなく資模を充てたい。これで【史料22】の年代は十八世紀前半、享保年間半ば以降、正朝の没する宝暦初年以前に絞り込める。

ここでは【史料22】の後半に目を留めたい。委細は別紙（内容等未詳）に書き付けてあるようだが、「宇喜多家之

儀」につき「能キ手筋」から悪しからぬ感触が得られたらしい。

「宇喜多家之儀」とは何事か。八丈島への物資の送付に関わることかと素直に考えてもいい。あるいは【史料21】正朝の先祖が秀家の「出国」に骨を折ったように、「宇喜多家」を何等かの恰好で復権させるために、平岡資模と運動していた可能性も探り得よう。

【史料22】「宇喜多家之儀」が以後どのように展開したのか、遺憾ながら手持ちの材料を欠く。かつて人見彰彦氏は、旗本花房氏と宇喜多一類との関係は、元禄年間が下限と見立てたが、[64]【史料22】は、それが十八世紀に入っても途絶えていなかったことを実証する。ただし、天保三年（一八三二）～同十一年まで八丈島代官を勤めた羽倉簡堂（外記。一七九〇～一八六二）が「贈物は加州に限る」と述べているように、[65]花房氏の支援が断続的・継続的にあったにせよ、それは十九世紀までは下るまい。

このように【史料21】からは先の進藤氏同様、花房氏が複数次にわたって秀家らを支援していた事実が浮かび上がる。しかも【史料22】秀家没後もなお音信を継続した点、そして「出国之御詫言御肝煎共」＝秀家赦免への尽力は特筆していい。

宇喜多秀家墓所
八丈町大賀郷字東里（著者撮影）

秀家の視点に立てば、関ヶ原敗戦後に難波秀経に与えた書簡や赦免運動のため西笑承兌に宛てた書状などを総合して、この人物が没落後も一貫して復権（恐らく大名復帰）を目指し、これの実現に模索していた様を想起できる。その名乗りこそ「休復」から同音の「久福」に改めたが、筆者が繰り返し指摘してきた通り、けだし秀家は八丈島にありながら再起の機会をうかがい続けていた。

しかし秀家の大名復帰は叶うことがなかった。享年八十四で秀家が逝いたのは明暦元年（一六五五）十一月二十日のことである。死因は伝わらないが病死ないし老衰と断じて大過ないであろう。

なお、第一章で考えるが、秀家病没の翌年、加賀藩は八丈島の浮田小平次に支援物資を送付した。小平次の兄孫九郎は、すでに慶安元年（一六四八）八月十八日に没しており、その跡取り（太郎助）も幼少であったから、八丈島では「医師」を生業とする小平次が宇喜多一類の惣領であったのだろう（明暦三年三月五日、ないし二月五日没）。秀家・孫九郎の死と小平次の存命を伝える【史料23】は、恐らくその折に加賀藩にもたらされた情報を書き留めたものと思しい。文中における「廿九歳身果タリ」とは、秀家が関ヶ原の敗戦を二十九歳で迎え、以後再起を果たせぬまま流人としてその生涯を終えたことを意味する。

【史料23】「備忘録[66]」（部分）

一、宇喜田中納言秀家ハ於八丈ケ島明暦元十一月廿四（マヽ）日病死、名号久福、廿九歳身果タリ、長男孫九郎、先年食傷ニテ被果、二男小平太（次）ハ存命ニテ医師セラルト云、島守左近カ聟ト云シハ虚説也、

以上、加賀藩前田家以外の八丈島支援の実例と秀家の最期につき、現今把握できた範囲の情報を摘記して検討を加えた。八丈島における秀家には、各種の興味深い伝承が残されているが、いずれも史実と断ずるには覚束ない逸聞の類に過ぎないから、ここでは詳説を留保する。[67]

七、小括

以上、関ヶ原合戦後の宇喜多秀家とその関係者の動向、そして加賀藩前田家や秀家旧臣による八丈島支援の発端と展開とについて年来の私見を整理した。いずれも従来ほとんど学術的検討を加えられることのなかった問題である。確認した事実関係を、豊臣大名宇喜多秀家の「後日談」に過ぎないと片付けるのはたやすい。しかし、復権（恐らく大名復帰）を現実的視野に入れていたかのごとき秀家の口吻や、微々たる支援ながら八丈島との関係を維持した加賀藩前田家や秀家旧臣の動向を見るにつけ、筆者にはこれを曖昧な伝説として放置せず、歴史的事象として逐一鮮明に復元すべきと思われてならない。その意義は終章において改めて考える。

関ヶ原敗戦後の秀家を一言にして尽くすとすれば、「したたか」というべきであろう。端倪すべからざる人物と評してもいい。八丈島でほとんど無為の生涯を送ることを強制された秀家と、その子孫＝宇喜多一類もまた、「したたか」に生き抜いた。そうした彼らの足跡を、おもに加賀藩前田家との関係を軸に、総合的に以下考えてみたい。続く第一章「加賀藩前田家と八丈島宇喜多一類」では、前田綱紀期の事例を悉皆収集して、加賀藩前田家による八丈島支援の慣例化への流れを実証的に検討する（第一章はその題目を書名に掲げたように、けだし本書における実証の核心部分を成す）。第二章「八丈島支援の諸相」では、第一章の検討を踏まえて、慣例化された加賀藩の支援をより深く掘り下げたい。第三章「宇喜多一類の赦免とその東京移住」では、加賀藩による八丈島支援の終局と、赦免のうえ八丈島から東京に移住した宇喜多一類の動向を見極める。終章「総括」では、以上の議論に歴史的意義を与え、あわせて加賀藩前田家と宇喜多一類とが、なぜ近世を通じて関係を維持し続けたのかにつき私見をまとめたい。

註

(1) 本章で整理する関ヶ原合戦後の秀家とその嫡男孫九郎秀隆の動向は、拙稿「宇喜多秀家の処分をめぐって」(大西著書③所収。初出二〇一四年。以下、拙稿Aと略記)および同「宇喜多孫九郎秀隆の基礎的考察」(大西著書④所収。初出二〇一五年。以下、拙稿Bと略記)、樹正院の動向は同「樹正院の後半生」(同上所収。以下、拙稿Cと略記)に拠る。

(2) 東京大学史料編纂所所蔵影写本「中村不能斎所蔵文書」。『柳川市史』史料編Ⅱ(二〇一三年)四二五頁。家康は九月十九日、田中吉政に対し、「如何様共有才覚、搦取様尤候」と重ねて秀家・石田三成・島津義弘の捜索を指示している(早稲田大学図書館所蔵文書)。

(3〜4・11〜12・32〜33・42) 加越能文庫所蔵『村井文書』。翻刻・解説は拙稿B・C、および拙稿「前田家編輯方収集にかかる宇喜多氏関係史料について」(『岡山地方史研究』一四三、二〇一七年)を参照。

(5) 東京大学史料編纂所所蔵影写本「難波文書」。元禄三年(一六九〇)成立。翻刻は『久世町史資料編』一・編年資料(二〇〇四年)一四五六号文書を参照。

(6) 前掲註(5)「難波文書」。翻刻は『岡山県史』二〇・家わけ史料(一九八五年)「備前難波文書」二五号文書を参照。

(7) (慶長六年〔一六〇一〕)六月六日付島津忠恒宛島津義弘書状(東京大学史料編纂所所蔵「島津家文書」(未刊。東京大学史料編纂所ホームページ所蔵史料目録データベースにて閲覧)。『鹿児島県史料　旧記雑録後編三』(鹿児島県維新史料編さん所、一九八三年。以下、「旧記」と略記)一五一三号文書)。以下、薩摩への潜行から伏見への出頭、助命決定後の駿河配流までの秀家の動向は拙稿Aに拠る。

(8) (慶長六年〔一六〇一〕)六月六日付島津義弘宛島津忠恒書状(前掲註(7)「島津家文書」。「旧記」一五一四号文書)。

(9) 『島津家文書』五、一九七八号文書。「旧記」一五一六号文書。

(10) 『義演准后日記』二(続群書類従完成会、一九八四年)。

(13) 拙稿「豪姫のことども」(大西著書②所収)。森脇崇文「文禄四年豪姫「狐憑き」騒動の復元と考察」(『岡山地方史研究』一三八、二〇一六年)は、樹正院を豊臣・前田・宇喜多三氏の結節点として評価する。

(14) 前掲註(13)拙稿「豪姫のことども」、同森脇論文参照。

(15)(慶長三年〔一五九八〕)正月二十五日付藤堂高虎宛増田長盛書状写(『宗国史』上、上野市古文献刊行会、一九七九年)。

(16)(慶長三年〔一五九八〕)銅銭支払覚(「稲葉順通氏所蔵文書」)。『豊太閤真蹟集』上、東京帝国大学文学部史料編纂所、一九三八年。七九号文書)。

(17)『時慶記』四(臨川書店、二〇一三年)慶長十年(一六一〇)五月二十二日〜同月二十九日条、および(慶長十年)十一月七日・同月十八日付西笑承兌書状案(「西笑和尚文案」七。『相国寺蔵西笑和尚文案 自慶長二年至慶長十二年』思文閣出版、二〇〇七年。三六八〜三六九号文書)。

(18)「一六〇六、〇七年の日本の諸事」「都の市とそこの学院長館で行われたことについて(第二十一章)」。松田毅一監訳『十六・七世紀イエズス会日本報告集』I—五(同朋舎出版、一九八八年)二七二〜二七三頁(岡村多希子訳)。本書の原本はフェルナン・ゲレイロ編「イエズス会年報集」。

(19) 中村家正については拙稿「長船紀伊守と中村次郎兵衛」(大西著書①所収)および同「中村家正関係史料目録稿」(大西著書④所収。初出二〇一五年)、一色昭昌については拙稿Cを参照。

(20)「旧記」一八五五号文書。

(21)「旧記」一八五六号文書。

(22)(慶長八年〔一六〇三〕)八月十四日付島津忠恒宛山口直友書状写(「旧記」一八五〇号文書)。

(23)「旧記」一八六三号文書。

(24)(慶長八年〔一六〇三〕)八月二十日付西笑承兌宛島津忠恒書状(『武家手鑑』下ノ四一)。

(25) 西笑承兌は、秀家から備前児島酒を贈られたり(『鹿苑日録』慶長二年〔一五九七〕三月二十二日条)、「鷹之金屏」の賛を求められたこと（前掲註（17）『相国寺蔵西笑和尚文案 自慶長二年至慶長十二年』二八五号文書）等々を書き残している。

(26)「西笑和尚文案」紙背文書。前掲註（17）『相国寺蔵西笑和尚文案 自慶長二年至慶長十二年』紙背七―三号文書。

(27) 前掲註（5）「難波文書」。

(28)（慶長八年〔一六〇三〕）九月五日付島津義久・忠恒宛圓光寺書状写（「旧記」一八五九号文書）。

(29)（慶長八年〔一六〇三〕）十二月六日付島津忠恒宛西笑承兌書状（『島津家文書』五、二〇一一号文書）。ただし、これと同文の「旧記」一八九二号文書は、圓光寺（＝閑室元佶）書状である。「旧記」の写し誤りであろうか。

(30)『大日本史料』一二―四（東京大学史料編纂所、初版一九〇三年）三九～四〇頁。

(31) 射水市新湊博物館所蔵文書（木倉豊信氏旧蔵）。『芳春院まつの書状　図録』（前田土佐守家資料館、二〇一二年）四七頁、および同書の瀬戸薫氏による解説を参照。なお、同図録の増補版、『増補改訂　図録芳春院まつの書状』（前田土佐守家資料館、二〇一七年）は、前田育徳会尊経閣文庫所蔵の芳春院消息六二点等が加わり、瀬戸氏の詳細な解説と相俟って壮観たる成果というべきであろう。ただ憾むらくは、瀬戸氏の解説は、参考文献の提示をほとんど欠いている。どこまでが氏独自の見解であるのか判断が難しく、後続の研究者が活用・援用するにあたっては留意が求められよう。たとえば、四五頁に「利長の足の病気は、慶長十二年（一六〇七）頃に発症したようである」と述べるが、恐らく利長の死に直結するこの病の発症時期につき、先行研究（たとえば、池田仁子「近世初期加賀藩藩主前田家の病と治療・医家」『研究紀要金沢城研究』一四、二〇一六年）とはまったく異なる見解ながら、論拠も出典も明らかにされていない。四九頁に吉澤千絵子氏の指摘が引用されているが出典は記載されない。五〇頁には「大西泰正氏は豪の加賀移住は、慶長十四～十五年八月までの間とされる」とするが、これも筆者のどの論著にあたったものか不明である。六六頁には、秀家息女（伏見宮貞清親王室）の「養女説」や、彼女と善福寺後室「冨理」との別人説が述べられるが、これらの指摘は、筆者による拙稿C（初出二〇一五年）、ないし「樹正院の「御養子」寿星院について」（『宇喜多家史談会会報』六一、二〇一七年）がいずれも本図録に先行しており、口幅ったいが先行研究として何等かの言及が必要であろう。

(34) 孫九郎は慶長二年(一五九七)正月五日に正五位下に叙任、同年九月二十七日には侍従に任官、その翌日には従四位下に進んでいる(『久我家文書』・『勧修寺家旧蔵記録』)。拙稿Bを参照。

(35) 慶長四年(一五九九)末に惹起した大名宇喜多氏の家中騒動のこと。領国全体を対象とした惣国検地を総仕上げとする領国支配体制の変革(大名権力の強化)に対し、有力家臣浮田左京亮(秀家従兄弟)・戸川達安・岡越前守・花房秀成らが、太閤秀吉の死去等の動揺を捉えて、大坂城下の左京亮邸に立て籠もり、宇喜多秀家に公然と反抗したのがその発端である。左京亮らの勢力はあわせて、長船紀伊守(騒動に先立って死去)とともに、秀家の施策を主導した出頭人中村家正(次郎兵衛)を慶長五年正月に襲撃した(中村は後年、前田利長に再仕)。同月、徳川家康が裁定を行って騒動を収め、左京亮らは国許(備前国)に戻されたが、関ヶ原合戦に先立つ五~六月頃、君臣対立が再び表面化、岡越前守・花房秀成らが致仕し、領国支配の立て直しは騒動に無関与だったと思しい明石掃部が担うことになる。左京亮も徳川家康による会津討伐に、秀家に代わって従軍したが、上方における石田三成らの挙兵後、そのまま徳川方(東軍)に止まり、秀家のもとを去った。秀家はこの一連の騒動によって、中央政権での行動を制約され、いわゆる「五大老」としての立場を相対的に弱体化させた。宇喜多騒動については大西著書①、拙稿「『乙夜之書物』にみる宇喜多騒動」(大西著書④所収)等を参照。

(36) (慶長五年〔一六〇〇〕)八月十八日付明石掃部宛戸川達安書状案(「備前水原岩太郎氏所蔵文書」六。『岡山県古文書集』三、思文閣出版、一九八一年。初版一九五六年)。この案文は、返書(八月十九日付戸川達安宛明石掃部書状。同上所収)と同じく戸川氏の子孫に伝来、久しく秘蔵されていたらしく、管見の限り、昭和十一年(一九三六年)に至って初めて翻刻・紹介された(永山卯三郎編『岡山市史』二、岡山市役所、一九三六年。永山卯三郎編『倉敷市史』六、名著出版、一九七三年。初版一九六一年)。拙稿「明石掃部の基礎的考察」(大西著書③所収。初出二〇一一年)もあわせて参照のこと。

(37) 加越能文庫所蔵。前田貞醇(一八四二~一九〇九。利家の六男利貞の子孫)旧蔵。なお、前田貞醇については、菊池紳一『加賀前田家と尊経閣文庫』（勉誠出版、二〇一六年）を参照した他、袖吉正樹氏等のご教示に与った。

（38）（慶長三年〔一五九八〕）八月十九日付内藤元家宛内藤周竹（隆春）書状写（『萩藩閥閲録遺漏』山口県文書館、一九七一年）。拙稿「豊臣期宇喜多氏権力論」（大西著書③所収）、大西著書⑤等を参照。

（39）慶長二年（一五九七）生まれの小平次は、前掲註（10）『義演准后日記』に見える「備前中納言息一歳不例」（慶長二年十一月二十一日条）、「御八　酉歳一才」（慶長二年十二月十日条。祈祷用撫物の記載）に該当すると考えられる。拙稿B、前掲註（13）森脇論文を参照。

（40）天正十七年（一五八九）に誕生した秀家の長子は同十九年以降に早世したと思しい。拙稿B、前掲註（13）森脇論文を参照。

（41）拙稿「明石掃部の娘」（大西著書④所収）において次掲の新出史料を挙げ、その事実を紹介した。なお、キリシタン武将として著名な明石掃部の娘（欧文史料に見える掃部の次女レジイナと思しい）も同様の信仰を有しており、彼女はそのため豊臣方落人の娘という立場に加え、宗教的な面からも幕府の探索に追われる身の上であった。

【参考史料】（寛永十四年〔一六三七〕十月以降）本多政重他宛前田利常消息写（加越能文庫所蔵『本多氏古文書等』二）

尚々一こくもいそきせんさく《穿鑿》可申付候、たゝ今[redacted]早々申遣候、以上

わさと申遣候、ほうしゆいん《芳春院》殿ニい《居》申候つる、あかしかもんむすめ《明石掃部娘》、此間ハ上かたニのほり候よし、此度きりしたん御あらためニゆた《油断》なく候よし付、まへかと其地ニい申もの、間、もし〳〵加州へ罷下可申とのよし上かたより申来候へく候、さいせん《最前》其地ニい申もの、間、もしもし罷下申事も[redacted]間、いそき〳〵せんさく可被申付候、ことのほかつよく《強》御にくみ《憎》のもの候間、なりしたいかたくきんミ《吟味》尤候、此ほかきりしたん弥ゆたんなくせんさく可仕候、かしく、

あわ《本多政重》殿

山城《横山長知》殿

(43) 加越能文庫所蔵『加賀古文書』三。

いなは殿《(奥村易英)》　参　　　中納《(前田利常)》

(44) 山崎閑斎については佐藤圭「加賀藩初期における朝倉氏遺臣の動向―山崎長徳を中心に―」(『加能史料研究』一七、二〇〇五年)に拠る。

(45) (寛永八年(一六三一))卯月五(十脱カ)日付難波秀経宛中村家正書状写(東京大学史料編纂所所蔵謄写本『黄薇古簡集』)や、加越能文庫所蔵、村井長明『利長公御代之おほへ書』(別名『象賢紀略』)、同所蔵『乙夜之書物』、前掲註(5)「難波経之旧記」に「備前様」と見える。拙稿Cを参照。

(46) 拙稿C、拙稿「金沢の樹正院屋敷地について」(『宇喜多家史談会会報』五六、二〇一五年)を参照。

(47) 理松院の命日は加越能文庫所蔵『延宝年中加越能社寺来歴』等、寿星院の命日は同上所蔵『御一門様御戒名、御国・江戸并京都・高野江尋ニ被遣委細寺庵方ゟ申来書付之写』等に拠る。前掲註(31)拙稿「樹正院の「御養子」寿星院について」を参照。

(48) 前掲註(5)「難波経之旧記」、および『吉備温故秘録』四八(『吉備群書集成』八、同刊行会、一九三一年)に拠る。拙稿「宇喜多氏研究の困難とその可能性」(大西著書③所収。初出二〇一二年)、および拙稿Cを参照。

(49) 近年、見瀬和雄氏が翻刻・紹介した加越能文庫所蔵**【史料】**『万跡書帳』、――加賀藩年寄役奥村易英が書き留めた政務文書の手控に基づく。**【史料】**によれば、前田利常が在国中であったため、「此地」=江戸の「御土蔵」から八丈島に送付する「金壱歩」が立て替えられ、のち利常からであろうか、その「金壱歩」が荒木六兵衛を介して「御返し」=江戸の御土蔵に返却されたという。つまり、この八丈島への送金は、加賀藩あるいは藩主前田光高(利常の嫡男。綱紀の父)の行為ではなく、前藩主前田利常による個人的な支援と目される。**【史料】**は、第一章で明らかにする加賀藩による八丈島支援慣例成立以前の、臨時的あるいは個別的な送品を伝える非常に貴重な史料といえよう。見瀬和雄「『万跡書帳』について(上・下)」(『金沢学院大学紀要』(人文学編)一六、二〇一八年)を参照。なお、**【史料】**引用にあたっては原本に拠って脱字（「久福様」）を補うなど一部の表記を改めた。

【史料】加越能文庫所蔵『万跡書帳』

一、昨二日之御状到来、致拝見候、然者従《去々年》（前田利常）中納言様於八条島久福様御父子へ被進之候金壱歩之儀被仰下候、得其意存候、其砌　中納言様越中御鷹野被成御座候付而、此地御土蔵ゟ取替遣申候処、其後荒木六兵衛奉ニて、金壱歩御返し被成候条、内々其御心得御尤候、恐々謹言、

（寛永二十年）八月三日

（奥村栄政）奥河内

（横山康玄）横大せん

（奥村易英）奥因幡

前田内蔵允様（知辰）　貴報

(50) 樹正院の葬儀やその供養についての史料は限られているが、十三回忌が江戸広徳寺、五十回忌が金沢天徳院、二百回忌が金沢宝円寺で営まれ、位牌所の嵯峨清涼寺でも月命日には仏事が執り行われていたらしい。拙稿C、前掲註（31）同「樹正院の「御養子」寿星院について」等を参照。

(51) 前田育徳会尊経閣文庫所蔵『本藩歴譜』（『金沢市史』資料編三・近世一、一九九九年）。

(52) 森田柿園『金沢古蹟志』十一（明治二十四年（一八九一）成立）、日置謙『改訂増補加能郷土辞彙』（北国新聞社、一九五六年。元版一九四二年）「沢橋兵太夫」の項。『金沢古蹟志』の引用は加越能文庫所蔵の柿園自筆本に拠った。なお、活字本（日置謙校訂『金沢古蹟志』上。歴史図書社刊、一九七六年）では当該箇所の巻次が校訂者日置によって操作されている（十一→八。四九二頁）。

(53) 藤島秀隆「豪姫伝承の謎―加賀藩の記録とその伝承―」（同『愛と哀しみの万華鏡　加賀藩の伝承文芸』北国新聞社、二〇〇九年所収。初出二〇〇四年）。

(54) 加越能文庫所蔵。関屋政春は寛永十年（一六三三）、前田利常に召し出されたといい、翌年知行二百石を与えられてい

る。関屋については、大河内勇介「関屋家旧蔵文書等について」（『研究紀要金沢城研究』一五、二〇一七年）等を参照。なお、本文引用箇所は、明治期に前田家編輯方が写し取り、他の宇喜多氏関連伝承の抜書とあわせて冊子に仕立てられている（加越能文庫所蔵『宇喜多家一件』。翻刻は『備作之史料（五）金沢の宇喜多家史料』備作史料研究会、一九九六年に収録）。

(55) 以下、近世における八丈島の概要、支配代官については、川崎長五郎『江戸時代の八丈島―孤島苦の究明―』（東京都、一九六四年）、『八丈島誌』（八丈町役場、一九七三年）、段木一行『離島伊豆諸島の歴史』（武蔵野郷土史刊行会、一九七六年）、仲田正之「近世代官と伊豆七島支配」（同『近世後期代官江川氏の研究』吉川弘文館、二〇〇五年所収。初出二〇〇〇年）等に拠る。

(56) 前掲註（30）『大日本史料』一二―四所収「楓軒文書纂」五三（四四頁）。

(57) 大隈三好『伊豆七島流人史』（雄山閣、一九七四年）所収（口絵に掲出）。所蔵機関等不明。

(58) 加賀藩前田家同様、花房氏による支援に関してもその発端は不明瞭極まりない。この問題に言及する、恐らく唯一の文献【参考】『落穂集』に従えば、秀家の苦境を耳にした「花房志广守」が土井利勝に嘆願して公許を得たことに始まるのであるが、同書の著者大道寺友山（一六三九～一七三〇）が「実不実ハ不存候へとも」と留保するように風説の類と見ておくのが穏当である。加えて「大猷院（徳川家光）様御代始め」という時期、土井利勝への願出を発端に位置付ける点が、有沢武貞『古兵談残嚢拾玉集』の記す沢橋伝承と通底することから推すと、沢橋伝承と一部混同されていた可能性もある。いずれにせよ『落穂集』の逸聞は事実ではなく、興味本位の物語とここでは見なしておきたい。

【参考】国立公文書館内閣文庫所蔵『落穂集』一二（前掲註（30）『大日本史料』一二―四、四六～四七頁）

秀家の噂ニ付、或時江戸の町人に、八丈島より被召帰たる者有之由、花房志广守殿被聞及、其者を呼寄、八丈島に於て、浮田八郎殿と申人と出合たる儀ハ無之哉、いまだ無事ニ被居候とあるハ、弥其通りなるかと被尋候へハ、其者申候ハ、成程御息災ニ御入候、私義ハ被掛御目、切々参上仕、御咄の御相手ニも罷成候か、御前の義にても御座候哉、八郎様我等共へ被仰候ハ、手前義も、あはれ此島を御免なされ、今一度日本の地へ帰り、花房か方ニて、米のめしの白きを腹一はい喰て死度事也と、常に被仰候と語り候へハ、志摩殿、両眼に泪を浮メ、其者にハ目録などをあたへて帰され、其日の夕方、土井（利勝）大炊頭殿へ被罷越、右八丈島帰りの者の申たる趣を語り出され、願くハ白米弐拾表ツヽ、浮田存命の内、合力仕度存候間、御免被遊被下候様ニ、御取成し給ハり度と被申候へハ、大炊頭殿にも尤なる義ニ候間、同役中へ申談し見可申と在之候へ者、志广守殿、重て被申候ハ、御存知の通、極老の私義に候へハ、明日の義も計かたく候間、何とそ早ク御相談被成下度と申て被帰候へハ、翌日の晩方、御用在之間罷越候へとある、大炊頭殿ゟ案内ニ付、参上致候所ニ、其元被願候通リ、今日同役中申談、達上聞候所、願の通被仰出候付、則御勘定頭衆へも申達候間、浮田八郎存命の間、白米廿表ツヽ、伊豆の御代官衆へ頼被差越候様ニと、御申渡候と也、実不実ハ不存候へとも、我等若き時分承りたる義ゆへ、書留申候、大猷院（徳川家光）様御代始めの事の由也、

(59) 岡山市教育委員会所蔵「花房家史料」。『花房家史料集』一（岡山市教育委員会文化課、一九九一年）所収。花房秀成については拙稿「花房秀成の基礎的考察」（大西著書②所収）を参照。

(60) 拙稿Aを参照。

(61)『大日本史料』一二―六〇（東京大学史料編纂所、二〇一四年）。

(62) 以下、拙稿「没落後の宇喜多氏について」（『岡山地方史研究』一四〇、二〇一六年）に拠る。

(63) 東京大学史料編纂所所蔵影写本「花房文書」。

(64) 人見彰彦「宇喜多直家・秀家の人物像」（『岡山の自然と文化』一七、岡山県郷土文化財団、一九九八年）。

(65) 松浦静山『甲子夜話』三篇・五十一（『甲子夜話三篇四』平凡社東洋文庫、一九八三年）。

(66) 加越能文庫所蔵『新編御系譜需備抄録』所収。本史料はすでに拙稿「明暦二年の浮田小平次」（大西著書④所収）、同「『宇喜多秀家』執筆の背景と幾つかの史料紹介」（『宇喜多家史談会会報』六五、二〇一八年）において紹介している。

(67) 前掲註（58）『落穂集』や、大西著書②で紹介した前田利常による取立（領知分与）を秀家が拒絶したとの伝承（『微妙

公御夜話異本』）、備前国西大寺の商船が八丈島に漂着し、秀家から詩歌を認めた料紙を与えられた逸話（前掲註（5）「難波文書」、『黄薇古簡集』、『備前軍記』等）、これも漂着した福島正則の船から秀家が酒樽を得た伝説（『明良洪範』）のほか、【参考】代官から食事を振る舞われた秀家の所作に関する口碑が著名であろうか（『浮田中納言秀家記』、『兵家茶話』）。

【参考】国立公文書館内閣文庫所蔵『浮田中納言秀家記』（前掲註（30）『大日本史料』一二―四、四七～四九頁）

大猷院（徳川家光）殿御代初に八丈の御代官谷庄兵衛（次利）、御用ニて八丈へ行けり、所の者に秀家の事尋対面し、其以後庄兵衛方へ秀家を招請し、料理を振舞ける、秀家膳を居けるに秀家椀を膳ゟ下し、膳の足を折たる、庄兵衛いかにと問けれハ、秀家被申ハ、我ハ御勘気の者也、其元にハ御目代の義、何とて同膳給可申哉といひける、庄兵衛も感しけん、扨秀家給仕に食次を取寄、懐中より古き手拭を出し、食を包ミける、庄兵衛いかにと尋けれハ、秀家、此島ニて妻子を持候処、終にケ様の食を見不申、御影ニて妻子ニ見せ申度、如此也と被申、庄兵衛も哀に思ひ、此方ゟ其段可申付とて膳部を遣ける、

第一章　加賀藩前田家と八丈島宇喜多一類

一、先行研究とその問題点

宇喜多秀家とその子孫が、配流地八丈島において加賀藩の継続的な支援（史料上では「見届」「助成」「合力」等と表現）を得て露命を繋いだ伝承は、現在もなお広く知られている。しかし、八丈島宇喜多一類の窮乏が憐憫の傾きをもって語られ、加賀藩の支援が彼らの不遇を些かなりとも慰める話柄として好まれる一方で、以上の伝承が従来ほとんどの場合において信憑すべき史料をもって検討されてこなかった点は、遺憾であると同時に、看過すべからざる問題である。[1]

また、その通説的理解も、加賀藩関係史料に精通し、八丈島関連の古記録にも数多く目を通したと思しき森田柿園による考証にほぼ言い尽くされている感が強い。すなわち、森田柿園『金沢古蹟志』[2]十一には「享保・元文・寛保・寛政年間に前田家より八丈島宇喜多子孫への贈物目録を見るに、秀家卿の子孫追々数家に分れ、其家族及ひ家来筋なる村田助六の家族までも残らす人別に贈らるゝ例にて、其物品ハ金子・染絹・染帷子・染木綿・染布・布手拭及帯地・綿・糸・苧・紙・筆・墨・扇・剃刀・煎茶・薬種類なり、米ハ一統へ白米四斗俵七十俵、右員数夫々定ありて贈らるゝ例也」とし、これらの物品が当初は毎年、次いで一年間隔で送られたと指摘する。個別具体的な事例の検討がなく、典拠史料も年号から推せば十八世紀以降に限られるが、かかる方面における森田の博捜を推知するに充分であって、以降この古典的考証が、大筋で継承されてゆく。

『加賀藩史料』の編纂等を通じて、さらに当該問題をめぐる史料に接したであろう日置謙による『改訂増補加能郷土辞彙』を繰れば、秀家の配流後「前田氏は幕府の許可を得て物資を宇喜多氏に贈つたが、その品目の記録は綱紀の享保二年にも存し、爾後慶応三年に至るまで時々その事があつた」[3]等々、森田の考証に、幕府との関係や支援の下限を慶応三年（一八六七）と断ずる点を付加している。「時々」という語句から、その支援の定期・継続的であったか否かには若干の疑義を呈したやに見受けられるが、森田の主張がこれで覆るわけではない。

加賀藩関連史料に拠った右の両者とは異なり、八丈島に伝来した各種史料、さらにいえば八丈島流人近藤富蔵（一八〇五〜八七）畢生の大著『八丈実記』に拠ってこの問題を考えたらしき以下の諸研究も、「金子三十五両」という指摘を除けば、如上の考証とほとんど出入りがない。

すなわち葛西重雄・吉田貫三『八丈島流人銘々伝』[4]は、「浮田一族に対しては、加賀の前田家から隔年に白米七十俵、金子三十五両、衣類、雑具、薬品までも絶えず送られていた」（一五頁）、「前田家からは明治二年に浮田一族が赦免されるまで、隔年に白米七十俵と金子三十五両、衣類雑具、薬品など、多量の物資が送り届けられた」（三五頁）、川崎長五郎『江戸時代の八丈島―孤島苦の究明―』[5]も、「宇喜多（浮田）一族へは隔年に前田家より白米七十俵、金子三十五両、衣類雑具薬品まで絶えず送られていた」（六三頁）、大隈三好『伊豆七島流人史』[6]も、「七島流人の草分け八丈島の宇喜多一類には加賀の前田家から隔年に白米七十俵、金子三十五両、その他衣類、薬品など送られたことは有名な話である。この前田家からの見届物がいつから始まったか正確な年ハ、っきりしないが、多分彼等が配流になってまもないころからだったであろうことは推測されるし、明治二年彼等の子孫が全部赦免になるまでつづいている」（八八頁）等と叙述する。具体的な事例や根拠を示さぬ上に、いずれも簡単な言及に止まるが、森田や日置の見解とさほどの隔たりはない。

その他、宇喜多氏について包括的な叙述を試みた立石定夫『戦国宇喜多一族』[7]も、「秀家はじめその後の一族は、前田家から隔年に送られる七十俵の米に生活の依存をし続けたことも事実である」（三七九頁）と述べている。ただ、右の諸研究とは、その「事実」の根拠を挙げた点に相違があろう。すなわち例の『八丈実記』から、延享元年（一七四四）・寛延二年（一七四九）・宝暦二年（一七五二）・同四年・明和七年（一七七〇）・安永三年（一七七四）に、白米七十俵（四斗入）が加賀藩から送られた事実を紹介し、「このように、白米七十俵、衣類、薬品、金子三十五両等が前田家から八丈島に送られ続ける」（三八三頁）と結論する。しかし、ここでも挙げられる事例は十八世紀後半に集中し、白米以外の送品に論拠が示されぬ点など課題は多い。渡邊大門『宇喜多直家・秀家』[8]（二八四、二八六〜二八八頁）にも若干の記述があるが、単純な史料の誤読や曲解が目立つ上、さきの日置の指摘やその編纂にかかる『加賀藩史料』を超える有益な知見は示されない。すなわち刊本『加賀藩史料』所収の事例を紹介し、日置の指摘同様、白米の送付等に際して加賀藩

【表】事例一覧

No.	送付年	典拠
①	明暦2(1656)	＊中納言様御在国中御進物帳、宇喜多家旧記等
②	延宝9(1681)	葛巻昌興日記
③	天和3(1683)	松雲院様御近習向留帳抜萃
④	貞享1(1684)？	葛巻昌興日記
⑤	元禄3(1690)	葛巻昌興日記
⑥	元禄6(1693)	重輯雑談、＊前田貞親手記
⑦	元禄9(1696)	＊前田貞親手記
⑧	元禄11(1698)	＊前田貞親手記
⑨	元禄14(1701)	＊御留守中日記、＊前田貞親手記
⑩	元禄16(1703)×	内藤恥叟蔵文書
⑪	宝永1(1704)	内藤恥叟蔵文書
⑫	享保2(1717)	＊中川長定覚書、浮田家一件、参議公年表
⑬	享保4(1719)	＊中川長定覚書、参議公年表
⑭	享保5(1720)×	＊中川長定覚書、参議公年表
⑮	享保6(1721)	＊浮田一家続書、＊中川長定覚書
⑯	享保7(1722)	＊中川長定覚書
⑰	享保8(1723)？	＊中川長定覚書

※「送付年」：遭難等による不着事例には×を付す
※「典拠」：新出史料には＊を付す

が幕府の許可を得ていた点や、「毎年」「様々な物品が送られていた」等と、旧来の研究成果を祖述する程度である。

以上、先行研究を洗ってその叙述の端的なること、また充分なる検討の不足を確かめた。おおむね隔年七十俵と金品等が明治維新に至る迄、加賀藩から八丈島の宇喜多一類に幕府の許可を得て送られ続けたという、この一文以上に理解が進んでいないのである。そこで、支援の発端をめぐる序章での検討に引き続き、ここでは管見に触れた送品事例を総合して、右の通説的理解の実否を糺し、さらに送品の手順を主とした具体相を検討してみたい。検討対象は、八十年弱に及ぶ前田綱紀施政期の事例十七例である（遭難等のため不達・不着の場合も一例として数えた）。また、行論上参照・引用した史料の多くは新出史料（『前田貞親手記』・『中川長定覚書』等）であって筆者の翻刻によること、紙数の都合によって史料の引用が極く一部にとどまることや誤読の可能性のあることを予め断っておく。

それから、八丈島在の秀家の子孫は、嗣子宇喜多孫九郎（秀隆）の系統に列なる惣領（嫡流家当主）が代々「宇喜多」を称し「孫九郎」ないし「孫助」を名乗った（太郎助を除く）。浮田小平次（秀家の末子）らその他の一類はすべて「浮田」苗字である。秀家を初代として以降の惣領は以下の通り。参考のため三代太郎助以下の諱を『八丈実記』所収の系図等から採ったが、人別帳といった確たる史料の裏付けはない。

・二代：**宇喜多孫九郎（秀隆）**……天正十九年（一五九一）生まれ。従四位下侍従。慶安元年（一六四八）八月十八日没（享年五十八）。
・三代：**宇喜多太郎助（秀正）**……二代孫九郎（秀隆）の子。天和二年（一六八二）六月二十七日没（享年三十六）。
・四代：**宇喜多孫九郎（秀親）**……三代太郎助（秀正）の子。初め「太郎」。正徳二年（一七一二）十月二十三日没（享年四十四）。

・五代：**宇喜多孫九郎（秀保）**……四代孫九郎（秀親）の子。初め「孫助」。寛保三年（一七四三）二月三日没（享年三十八）。

二、八丈島への支援事例

■事例①：明暦二年（一六五六）

加賀藩は、八丈島代官谷次利（庄兵衛）を介して浮田小平次（秀家の末子）宛に「御荷物」を送った。存命であれば宇喜多秀家（久福）宛に送られたに相違ないが、宛先は「小平次様」である。従ってこの時点で秀家の死去とその事実を加賀藩が把握していたことが判明する。新出【史料1】は、【史料2】とあわせて秀家の命日伝承＝明暦元年十一月二十日説を傍証・確定する同時代史料である。

【史料1】寺岡与兵衛『明暦弐年甲閏四月ゟ同三年酉四月迄、中納言（前田利常）様御在国中御進物帳』[9]（部分）

七月廿二日（明暦二年）　　八丈島御代官
　　　　　　　　　　谷庄兵衛（次利）殿
一、銀子　拾枚　つけ台
　鰍筋　一箱　十入　　御使遠藤数馬
　　足付
但八丈島小平次様へ被遣御荷物之儀御頼被成付被遣、

さらにこの送品に合わせて送られたと思しき【史料2】今枝近義（民部。加賀藩重臣）書状が、「八丈陳《（陣）》屋ニ現存」するとして『八丈実記』[10]や『宇喜多家旧記』[11]に書き留められている。八丈島への送品は天候および便船次第だから、その送品時期は年毎に区々だが、【史料1】寺岡の筆記と一日違いの【史料2】は、内容から考えても、【史料1】と同一時＝明暦二年の発給と断ぜられよう。なお、誤字脱漏の多い『八丈実記』ではなく、ここでは明治十九年（一八八六）浮田久三郎所蔵本の謄写『宇喜多家旧記』から【史料2】を翻刻する。

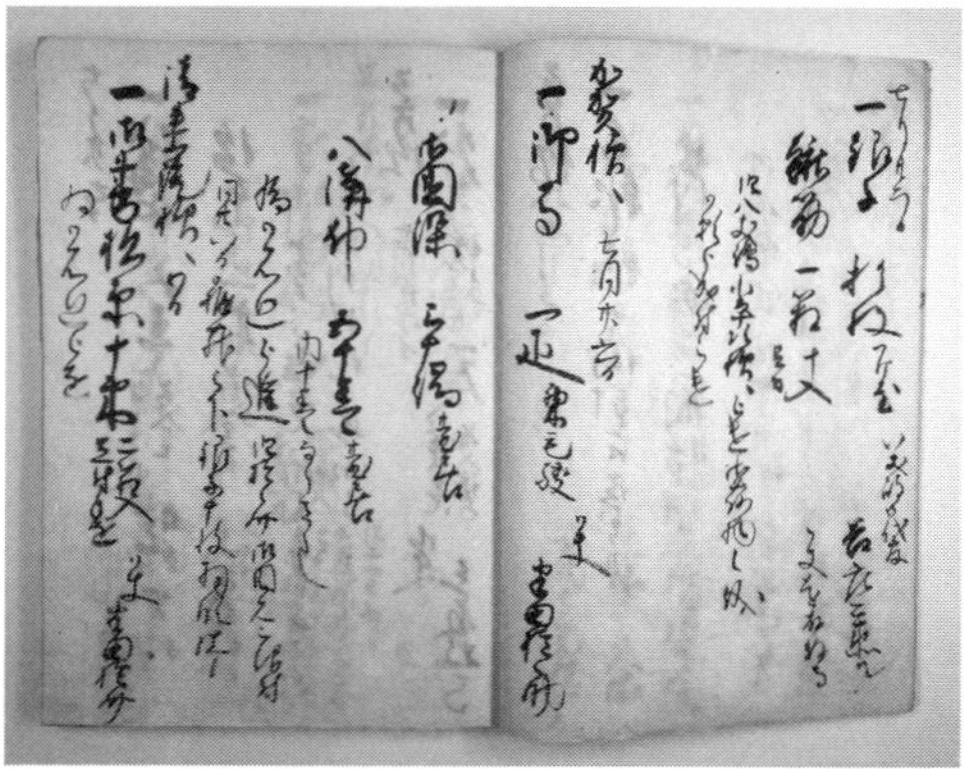

寺岡与兵衛『明暦弐年甲閏四月ゟ同三年酉四月迄中納言様御在国中御進物帳』
（金沢市立玉川図書館近世史料館所蔵）

【史料2】（明暦二年）村田助六（浮田道珍）宛七月二十一日付今枝近義書状写

谷庄兵衛《（次利）》殿其地就被参致啓達候、

一、久福《（秀家）》様去冬御遠去之由頃相聞驚入申候、久々御苦身被遊一入御痛敷儀各御心底令察候、

一、此度又公儀御奉行衆江御断被仰入、別紙目録三通肥前守《（前田利常）》殿ゟ御送被成候条、谷庄兵衛言伝致進覧候、可有御請御座候、最前も如申入一度ニ多被遣儀ハ難成候故少宛被進候、

一、公儀へ書付上候事難成品々、目録壱通之表庄兵を頼進候間、是又可有御請取御座、貴老へも如仰跡々壱歩・

木綿被遣候段、其心得尤候、猶追而可得芳意候、恐々謹言、

七月廿一日　　　　今枝民部（近義）　花押

浮田道珍（村田助六）

宛先の「浮田道珍」は、秀家の配流に同行した村田助六のことで、八丈島の「長楽寺過去帳」（『八丈実記』）は「久福家老ウキタ助六郎」と記すという。『八丈実記』は【史料2】を、彼が浮田姓を許された証跡として挙げ、「寛文元辛丑渡来ト覚ユ」とするが、右の通り明暦二年の書状と見るのが穏当であろう。

なお、村田助六の命日は『八丈実記』所収の諸書にも区々で、慶安四年（一六五一）五月十日説（享年八十六）、万治元年（一六五八）十月二十三日説、寛文九年（一六六九）説等が見えるが、【史料2】から推して万治元年ないし寛文九年を採るべきであろう。

さて、【史料2】は「久福様去冬御遠去之由」という秀家死去を伝える一文もさることながら、詳細を確認し得る加賀藩による八丈島送品の初出事例として見落とせない。【史料1】とあわせて整理すれば、「肥前守殿」（綱紀の祖父前田利常。幼少の藩主綱紀を後見）が、「公儀御奉行衆」の許可を得て、代官谷次利を介し、八丈島の浮田「小平次」へ支援を行った事実を確定できる。その他、代官谷次利へも礼物が送られたこと（以後の送品時にも代官には同様の礼物

宇喜多秀家木像（写真提供 光珍寺）

八丈島宗福寺に安置されていた木像。慶応3年(1867)に木像の体内から秀家の詠草等が発見され、以後、秀家像との認識が定着した。元禄11年(1698)、遠島を命じられ、三宅島を経て八丈島に渡った仏師民部の作という

が送られたと思しい）や、その代官が直接八丈島まで出向いたらしきこと、公儀を憚る品々を代官経由で恐らく内聞に送付したこと、「一度ニ多被遣儀ハ難成候故少宛被進候」・「貴老（村田助六）へも如仰跡々壱歩・木綿被遣候」との文言から、この前後の送品を類推できる点等々、興味深い史料である。

■事例②：延宝九年（一六八一）

【史料３】加賀藩士葛巻昌興（一六五六〜一七〇五）の日記（『葛巻昌興日記』）(12)に拠る。先般、「八丈島奉行」伊奈忠易（兵右衛門）から八丈島への便船が近日出帆するとの報せがあった。そこで宇喜多太郎助（秀家の孫）ら宛の送品目録を調え、この日の朝、月番老中大久保忠朝（加賀守）まで届け出たところ、老中各位の確認を経て、夕刻には許可が出た。物資の内容や送付日付は不明である。

【史料３】『葛巻昌興日記』延宝九年五月二十六日条（部分）

先頃伊奈《八丈島御奉行》兵右衛門（忠易）殿ゟ、八丈島渡海之舟近日致出舟候、彼島江御用有之間鋪哉之旨、戸田与一郎方迄書状に差越之、因茲如跡々、彼島宇喜多太郎助殿江被遣物可有之旨ニて、其品々以書付、御月番大久保加賀守（忠朝）殿江御伺《今朝御使者を以》被成候処、何茂御老中方御披見候、此通可被遣旨、今夕大久保殿ゟ御使者を以被仰越候、
秀家卿於八丈島ハ御法躰号休福、御息孫九郎殿・小平次殿ト云、孫九郎殿御息太郎助殿也、小平次殿御息ハ藤松殿と申由、孫九郎殿・小平次殿御同腹之由、
彼太郎助殿は宇喜多秀家卿之御子孫也、秀家卿ハ高徳院様御聟ニて有之処、関ケ原御合戦之時分、石田方ニ付、天下御一統之後、彼島江被配之云々、件之御筋目有之故、御先代ゟ御音物有之也、

葛巻は宇喜多一類の情報をあわせて記し、支援それ自体も「御先代ゟ御音物有之也」と書き付けている。この箇所

に着目して八丈島送品の端緒を、元和年間（一六一五〜二四）に求めたのは藤島秀隆氏(13)であるが、序章で確認した通り、芳春院による送品がこれ以前、慶長十三〜四年（一六〇八〜〇九）頃（年代は筆者の推定）に存在した。

なお、前田綱紀の近臣葛巻昌興は、加賀藩に再仕した宇喜多秀家の旧臣一色照昌（主膳）の曾孫である（『加陽人持先祖』等）。

■事例③：天和三年（一六八三）

【史料4】加賀藩士多賀直方（信濃。一六五一〜一七三三）の留帳に見える。宇喜多太郎助の死去（天和二年六月二十七日）にともない、送品目録の宛先をどう表現するか、藩主綱紀との仔細な調整が書き留められている。「八丈島浮田太郎助殿御息江毎歳被遣候通、二通御目録相調」云々とあって、この文言を是とすれば、この時期には連年送品があったことになるが、他の事例から推すとなお一考の余地があろう。目録が二通調えられた点を除き、物資の内容や送付日付等は不明である。

【史料4】多賀直方『松雲院様御近習向留帳抜萃』(14)下編十二（天和三年七月十一日条）

天和三年七月十一日

一、八丈島浮田太郎助殿御息江毎歳被遣候通、二通御目録相調、自御用所入御覧候処、右之内太郎助せかれと有之義如何ニ候、公義向もせかれとハ不相調候間、太郎助子と書可宜候、且又付札へ太郎助義去年死去候旨、伊奈兵右衛門《（忠易）》殿申聞候付、せかれ方へ太郎助同事被遣度旨、書付候へとも、せかれ両人有之との義も伊奈兵右衛門殿被申候ハヽ、其通ヲ書顕可然之旨被仰出、戸田与一郎へ申渡、二通相返、

■事例④：貞享元年（一六八四）頃

事例②に続き【史料5】葛巻昌興の日記に拠る。「去年歟」（＝貞享元年頃）八丈島への「御伝附被成被遺品々」が無事到着し、その請取状（「目録ニ裏書」）が代官伊奈忠易の息子兵蔵から届いた。この事例も物資の内容や送付日付等は不明である。なお、宇喜多太郎助の遺児（いずれも秀家の曾孫）「太郎殿」は後の宇喜多孫九郎（惣領家四代）、「次郎殿」は後の浮田忠平であろう。

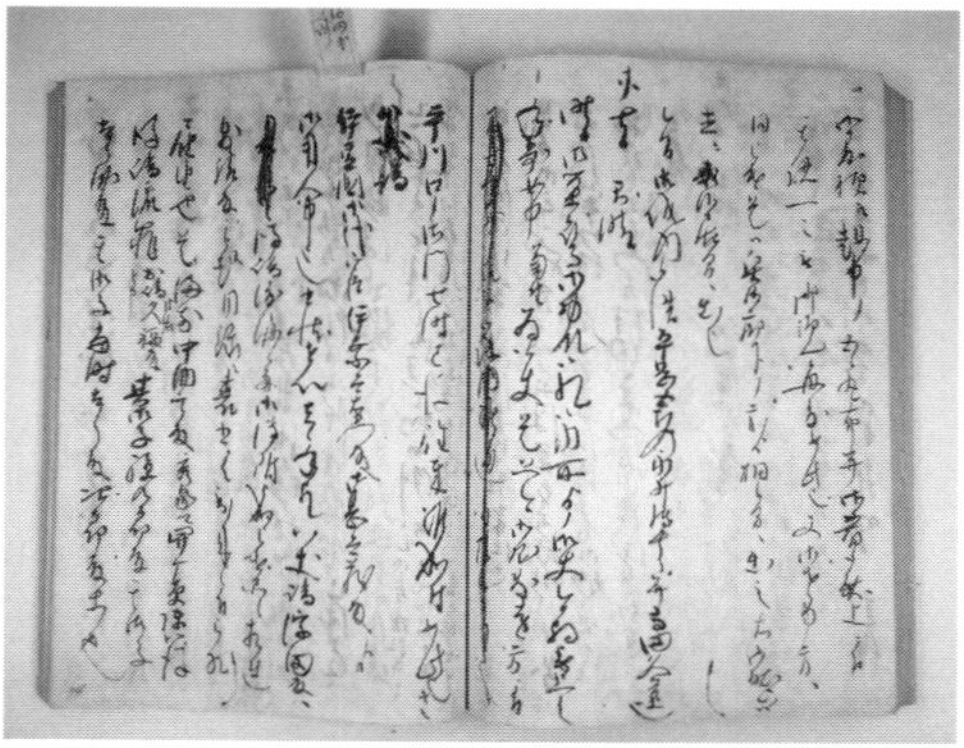

『葛巻昌興日記』18　貞享2年6月27日条等
（金沢市立玉川図書館近世史料館所蔵）

【史料5】『葛巻昌興日記』貞享二年六月二十七日条（部分）

伊豆国御代官伊奈兵右衛門（忠易）殿御息兵蔵殿ゟ御用人中迄書状を以、去年歟八丈島浮田殿へ彼島渡海候舟御伝附被成被遺品々相達、則請取之趣目録ニ裏書ニて到来候ニ付、被相届由也、是備前中納言殿秀家卿、関ヶ原陣以後彼島流罪於島法名久福殿と申、其御子孫九郎殿、其御子太郎助殿、其御子当時太郎殿・次郎殿等也、則右之段達御聴之処、先御用人中ゟ及返報候上、御使者被遣之、

■事例⑤：元禄三年（一六九〇）

事例②・④と同じく【史料6】葛巻昌興の日記に見える。前年に「浮田太郎殿其外」へ送った品々が無事到着、その請取状（「目録裏書之物」）

が、代官五味豊法（小左衛門）から家老役奥村悳輝（因幡）方へ到着した。ここでも物資の内容や送付日付等は不明である。なお、【史料6】には前田綱紀が大名宇喜多氏の石高について、その旧臣の子孫にあたる藩士堀部養叔に下問し、小瀬又四郎（養叔の子）から得た回答が記されているが、この挿話の詳細は、拙稿「宇喜多氏の石高をめぐって」[15]を参照されたい。

【史料6】『葛巻昌興日記』元禄四年八月一日条（部分）

去年八丈島渡海之船ニ御伝附之品々、於彼島浮田太郎殿其外江相達、各拝受之由、奥村因幡（悳輝）方江返報到来、并右目録裏書之物、御代官五味小左衛門殿ゟ今日入御覧也、此序浮田中納言殿秀家知行高、百万石之上ニ候哉と御尋也、伊予（奥村時成）・筑後（横山正房）ハ百万石と承及、其余之儀しかと不奉存旨言上候、依之堀冂養叔へ可相尋旨被仰出、小瀬又四郎江申含即相尋候処、備前・播广・美作三ヶ国ニ候へ共、美作者他領多有之、七十万石ニハ詰不申候、但世間ニてハ百万石と申候、然共不入棹之地ニて収納者凡二、三百万石も可有之由、中村刑冂（家正）申聞候由也、養叔父久庵者浮田殿御家来也、

■事例⑥：元禄六年（一六九三）

加賀藩士今枝直方（一六五三～一七二八）の【史料7】著述に見出せる。

【史料7】今枝直方『重輯雑談』[16]一之下（部分）

一、元禄六年八丈島飢饉、雑穀等迄不熟ニテ餓死ニ及ニ付、及御嘆米千石ヲ被下、是ニテモ事足ニコソ、当国モ浮田氏ノ末流在テ毎々御付届アリ、今度モ何トソ御合力四十石被遣度トノ事ナレトモ、公儀ノ御米小舟三艘

ニ積テ行故成兼、色々御才覚ニテ二十石御送也、

この年、飢饉に見舞われた八丈島へ幕府から「御嘆米」千石の送付があった。宇喜多氏との縁故によって「毎々御付届」を行う加賀藩としても「今度モ何トソ御合力四十石」という支援を考えたが、「公儀ノ御米小舟三艘ニ積テ行故成兼」＝輸送に困難があったため、結果二十石を送ったらしい。他の事例と異なり【史料7】は編纂史料であるが、今枝直方の脱稿が元禄九年である点、そして加賀藩家老役前田貞親（備前。一六五三～一七〇五）の手控（後掲【史料9】『前田貞親手記』）[17]に、八丈島への送品につき「元禄六年・同九年両年之扣之外ハ不相知候由也」とあるから、元禄六年の送品は事実と見てよかろう。なお、以上は前田綱紀期における白米送付（白米明記）の最古の事例である（それ以前には芳春院による白米送付事例が確認できる）。

■事例⑦：元禄九年（一六九六）

さきに事例⑥で引いた前田貞親の手控（後掲【史料9】）によって送品事実を推認できる。詳細は不明である。

■事例⑧：元禄十一年（一六九八）

引き続き【史料8～16】前田貞親の記録から。いずれも新出史料である。送品の具体的手続きから請取状の受領まで詳細に事実を追える点で貴重な証言といえる。

【史料8】『前田貞親手記』元禄十一年四月二十八日条（部分）

設楽喜兵衛《（正秀）》殿ゟ以使者、於八丈島浮田黄門《太郎カ》殿・同藤松殿ゟ壱岐《（奥村悳輝）》殿・備前《（前田貞親）》宛所之奉書包之来状一通被相届、但御門迄持参、右之来状以靭負《（戸田直方）》自分ゟ入御覧、喜兵衛殿江ハ翌日及返書事、

元禄十一年四月二十八日、代官設楽正秀（喜兵衛）の使者が江戸藩邸まで八丈島の「浮田黄門《太郎カ》殿」（宇喜多太郎。のち孫九郎。惣領家四代）・浮田藤松（小平次の子）の書状一通を持参した。宛先は奥村悳輝（壱岐）・前田貞親（備前）宛である。早速、貞親は戸田靭負を介してこれを前田綱紀に披露し、翌日には設楽宛の返書を調えた。書状の内容は、翌年の記録【史料15】の通り、「麦作実入悪敷困窮」による八丈島からの御救米送付願いであった。

現存する前田貞親の覚書は同年五月の大部分を欠いているので（五月五日まで残存）、八丈島送品に関する貞親らの動向は【史料8】のあと約一か月間、【史料9】の六月一日まで詳細がわからない。

【史料9】『前田貞親手記』元禄十一年六月一日条（部分）

八丈島へ被遣候米并金子等員数之義、設楽喜兵衛《（正秀）》殿迄御尋候、御口上相調以靭負《（戸田直方）》上之、先日山城守《（戸田忠昌）》殿江此義御伺被成候時分、御返答ニ員数御書付、追而可被越旨被仰越候、左候得ハ喜兵衛殿江先御相談候而、あなた御返事次第、員数御書付被遣筈と奉存候ニ付而、喜兵衛殿之御口上書上之候旨申上候へハ、此義ハ先前々之員数まて書付、山城守殿江被遣筈と被思召候、浮田一家ニ不限島中之助ニ成申と思召様子ニ候へハ、御中間方へ御相談、依様子直ニ喜兵衛殿江被仰達義も可有之候、左候得ハ猶以員数無滞被遣筈と被思召候旨被仰出、重而被仰出候ハ、御聞番ともニてハ埒明不申義可有之と被思召候、明後朝山城守殿江被成御越候間、御直ニ成とも可被仰達候間、前々被遣候員数書付口上之旨、以同人被仰出、且又御用所へも、御当代ニ成彼島江被遣候年々之員数書付可上旨

被仰出候得共、元禄六年・同九年両年之扣之外ハ不相知候由也、

六月一日、代官設楽正秀への口上につき、前田綱紀に伺いが立てられた。老中戸田忠昌から先般、設楽と調整のうえで八丈島へ送る白米・金子等の員数＝送品目録を差し出すよう指示があったからである。だが、貞親の印象では前田綱紀はこの手続きに不満があったらしい。若干意味が取りづらいが、この送品は「浮田一家ニ不限島中之助ニ成申」わけだから、前例通りの目録を調えて戸田まで提出すればいい、「御中間方」へ相談して設楽にこれが伝達されれば送品が滞ることもないだろう云々。ともかく綱紀は貞親らの手続きに疑問があった。綱紀は、聞番に任せていては埒が明かない、明後日の朝、戸田を訪ねる折、直接この送品について話をつけるといい、前例通りの送品目録を提出するよう指示した。また、御用所へも綱紀の代になって以降の送品記録を提出するよう申し付けたが、元禄六年・同九年以外の記録は見当たらなかったという（以上【史料9】）。

なお、後掲【史料10】以下を見る限り、前田綱紀自身が戸田忠昌や設楽正秀とこの件で実務折衝することはなかったらしい。

【史料10】『前田貞親手記』元禄十一年六月四日条（部分）

八丈島江御米等被遣義、先年之員数御書付・御覚書、今朝又山城守（戸田忠昌）殿江中川安左衛門（長重）参相伺候処、御用番豊後守（阿部正武）殿江可被越旨御差図ニ而則罷越候処、去年之通今般も可被遣旨御返答有之事、

六月四日、前例通りの送品目録等（「先年之員数御書付・御覚書」）を、老中戸田忠昌のもとへ聞番中川長重（安左衛門）が持参したところ、月番老中阿部正武（豊後守）への提出を求められた。そこで改めて阿部に届け出た結果、去年同様送付の許可が下りた（以上【史料10】）。

【史料11】『前田貞親手記』元禄十一年六月六日条（部分）

八丈島江被遣候五斗俵ヲ四斗俵ニ直候義、并設楽喜兵衛（正秀）殿手代并島手代及船頭三人江先年被下物有之候、今般も右如御格可被下候哉之事、且又右俵直候義、御米高ハちかい不申候間、此義重而豊後守（阿部正武）殿へ御届ニ及間敷と奉存候趣覚書相調、今夜以靭負（戸田直方）入御覧候処、毎之通宜様ニ可仕旨被仰出事、但覚書之留委曲御用所ニ有リ、

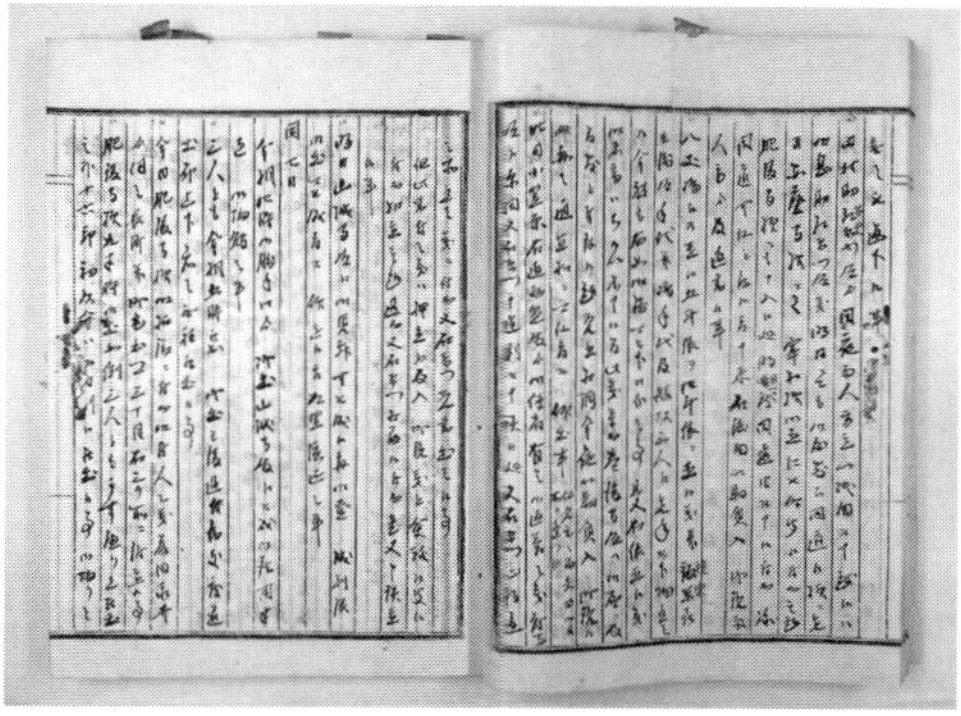
『前田貞親手記』43　元禄11年6月6日条等
（金沢市立玉川図書館近世史料館所蔵）

六月六日、代官設楽正秀の手代・島手代（八丈島在住の手代）・船頭三人への謝礼、および今回からの変更点＝俵入の五斗入から四斗入への変更（「御米高」＝送付量は同じ）につき、前田綱紀に確認がとられた（以上【史料11】）。なお、加賀藩における俵入は原則五斗入である。[18]

【史料12】『前田貞親手記』元禄十一年六月八日条（部分）

八丈島へ被遣候金子并私共ゟ浮田殿一類中へ之書状、明日設楽喜兵衛（正秀）殿江御聞番致持参相達候様可申渡候、米之儀ハ於鉄炮津（洲）、喜兵衛殿島

手代請取申筈ニ付、先年之通、深川御米裁許之御小将氏家伊兵衛相渡候様可申渡候、

一、右浮田殿一類中江、米・金子被遣之義、私共書状、先年之通相調達申候、以上、六月八日　前田対馬　前田備前

右伺之紙面以靭負（戸田直方）入御覧即刻被返下事、

八丈島江両人ゟ遣候書状并設楽殿手代植村徳左衛門并同島手代、且又船頭三人江被下物之目六（録）等、中川安左衛門（長重）江相渡候事、

深川迄段々御廻米着船之覚書一通、会所奉行ゟ出之候事、

六月八日、八丈島への金子と書簡類を、明日、設楽正秀のもとへ聞番が持参するようにとの指示があった。白米は鉄砲洲において設楽の島手代が受け取る手筈であるから、先年同様その引き渡しを「深川御米裁許之御小将」氏家伊兵衛に指示した。以上の手続きがいずれも前例踏襲であることは、「一、右浮田殿一類中江……」から始まる前田孝貞・前田貞親連署状からも読み取り得る。

前田綱紀はこの連署状を即刻裁可し、八丈島への書簡類や設楽正秀の手代・島手代・代官らへの心付けの目録等が、聞番中川長重へ渡された（以上【史料12】）。

【史料13】『前田貞親手記』元禄十一年六月九日条（部分）

今夜深川御蔵奉行氏家伊兵衛召寄、八丈島へ被遣御米、十二日ニ於鉄炮洲相渡候筈之義申渡、設楽喜兵衛（正秀）殿手代ゟ同島手代方江之送證文一通、同人へ相渡事、

【史料14】『前田貞親手記』元禄十一年六月十三日条（部分）

八丈島江今度被遣候御米、昨十二日、氏家伊兵衛鉄炮洲江罷越、設楽喜兵衛（正秀）殿手代上野五郎太夫江申達、植村徳左衛門ゟ之紙面相渡、右御米弐拾五俵為積、則徳左衛門切手一通請取被帰候付而上之候旨、伊兵衛添書ニ而徳左衛門手形ともニ、昨夜伊兵衛持参、今日右両品以靭負入御覧被返下、但徳左衛門手形ニハ島ゟ返事参次第、追而此手形と取替可申旨有之付而、右之手形ハ御聞番中川安左衛門（長重）江相渡達也、右両品ともに御用所留状ニ載置候様申付候事、

六月九日、「深川御蔵奉行」氏家伊兵衛を呼んで、八丈島への米を同月十二日に鉄砲洲において設楽方へ引き渡すよう指示し、あわせて設楽の手代・島手代への「送證文」を渡した（以上【史料13】）。

六月十三日、八丈島へ今度送付する米につき、昨十二日、氏家伊兵衛が鉄炮洲まで赴き、設楽正秀の手代上野五郎太夫へ、同じく手代の植村徳左衛門からの書状を渡して、白米二十五俵を積み込ませた（ただし、これは八丈島への便船ではなかったらしい）。

その日の晩、氏家伊兵衛は添状と植村の切手（白米預り証文）一通を持参して、戸田直方（靭負）を介して前田綱紀の確認をとった。なお、植村の切手には八丈島から「返事」が届き次第、この手形と（さきに積み込ませた白米と）交換する旨が記してあり、聞番中川長重へ渡された（以上【史料14】）。恐らくは、八丈島から便船が到着次第、切手を渡して加賀藩側が白米を受け取り、それを便船に積み替える算段であったと思われる。

その後いつ便船が八丈島へ発ったかは残存史料から確認できない。ただ、翌年五月、八丈島からの請取状が代官設楽正秀経由で来着して、白米二十五俵（四斗入）・金子（一歩×四十切）が元禄十一年八月十五日以前に到着し、宇喜多太郎以下の一類中に分配されたことが判明した（以上【史料15～16】）。

【史料15】『前田貞親手記』元禄十二年五月二日条（部分）

○元禄十一年八丈島麦作実入悪敷困窮ニ付、御救之義申来、対馬《前田孝貞》・備前《前田貞親》奉にて、江戸ゟ白米弐拾五俵四升《斗》入、金壱歩四十切被遣之、今度返翰来り、浮田太郎殿・次郎殿・藤松殿・半平殿・村田助六連印、おくす殿・おまつ殿・三郎殿・四郎殿・五郎殿・六郎殿江も配分可仕旨、且又村田助六弟妹江も遣申由、

【史料16】『前田貞親手記』元禄十二年五月十二日条（部分）

○五月九日到来之由にて翌十日御用人ゟ請取之、

（中略）

一、浮田殿江米并金子被遣候付而、御礼之趣対馬《前田孝貞》・備前《前田貞親》宛所に八月十五日之状、

一、同藤松殿病死之様子、是又右両人宛所に九月朔日之状、

一、右浮田殿ゟ之両通、設楽喜兵衛《正秀》殿ゟ被指越候趣、御留守居ゟ右両人方江之添状、

■事例⑨：元禄十四年（一七〇一）

新出の『御留守中日記』[19]、および【史料17】前田貞親の記録に拠る。管見の限り、文書上の送付日（五月朔日）・請取日（七月十二日）双方が確定できる最古の事例である。八丈島の不作を理由に惣領宇喜多孫九郎（惣領家四代。事例⑧までは「太郎」）らが、前年の秋およびこの年の春に「合力米」を頼み、それに応える格好で加賀藩が白米六十俵（四斗入）を代官小長谷正綱（勘左衛門）に託して送付した。「御合力米等」とあるが、白米以外に何が送付されたのかは判然としない（【史料17】）。なお、米俵に一々付された指札の図が残されている点は、他の事例にはなく貴

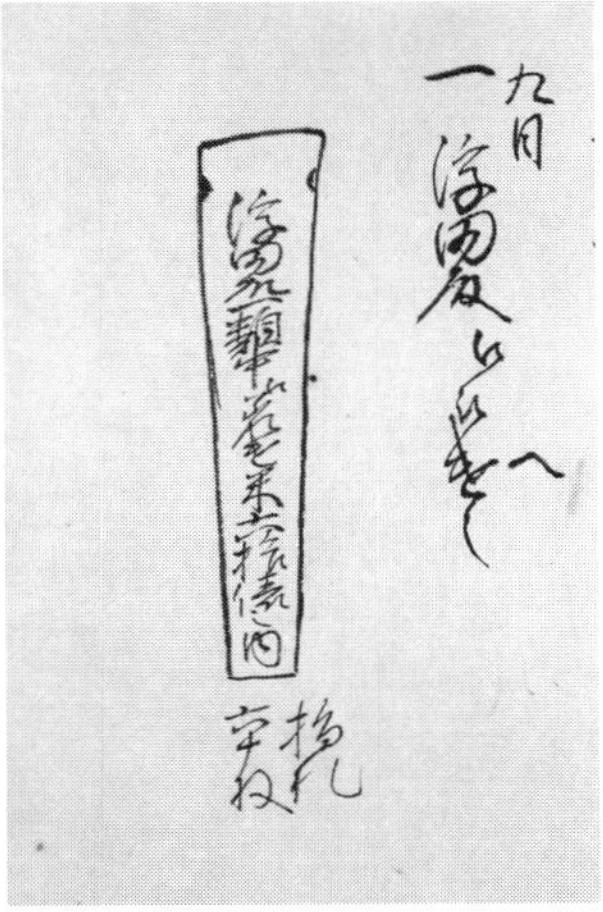

『御留守中日記』
元禄14年5月9日条
（金沢市立玉川図書館近世史料館所蔵）

重である。「浮田殿一類中江差遣米六拾俵之内」と記された指札は六十枚というから、白米一俵毎にこれが付されていたと思しい（上掲図版）。

【史料17】『前田貞親手記』元禄十四年十月一日条（部分）

一、八丈島へ御合力米等被遣、返書到来候由ニ而、今日戸田清大夫（勝武）より相達、則左ニ記之、

八丈島打続不作就困窮、去秋并当春両度御合力米之願奉申上候処、其段宰相様（前田綱紀）へ被為仰上、早速相叶、当五月朔日之御日付ニ而、御目録之表白米六拾俵但四斗入被下置、則御代官小長谷勘左衛門（正綱）殿より御届被下、慥ニ請取難有頂戴仕候、私一類并村田助六兄弟共配分仕候、（中略）

一、くす《本ノマヽ》子共之義奉願上候処、是又相叶、御合力米被下置、誠以御慈悲、何茂助命仕難有仕合奉存候、御序之刻加賀守様（前田綱紀）御前、何分ニも宜敷御座候様ニ被仰上可被下奉願候、以上、

巳七月十二日　浮田孫九郎印
浮田次郎　々
浮田藤松　々
浮田半兵　々

松平加賀守様御内
村井出雲（親長）様

奥村壱岐（悳輝）様
前田対馬（孝貞）様
横山左衛門（任風）様

但此返書ハ村瀬武助方より戸田清大夫迄御手紙添相届、但武助ハ御代官衆手代ナリ、
右今夜御帳前ニ入御覧由ニて御用所より来ル、

■事例⑩〜⑪：元禄十六年（一七〇三）・宝永元年（一七〇四）

【史料18】「内藤恥叟蔵文書」[20]に見える申（宝永元年）三月十七日付覚書に拠る。

【史料18】「内藤恥叟蔵文書」

覚

一、七拾俵　白米　但四斗入

右於八丈島浮田一類共江、去年米七拾俵指越候処、於豆州下田津波に而致流失候由、彼島御代官小長谷勘左衛門（正綱）殿より被仰聞候、依之今般重而如斯遣申度存候、以上、

申三月十七日

前年（元禄十六年）に白米七十俵（四斗入）が「八丈島浮田一類共」へ送られたが、「於豆州下田津波に而致流失」した。これを代官小長谷正綱からの通知で知った加賀藩は、この年＝宝永元年、再度同様の送付を願い出た。後年の

事例から考えれば、この覚書は恐らくは月番老中まで提出されたものであろう。このあと白米が無事八丈島に届いたか否かは判然としないが、右の願出は却下される節もなかろうし、便船の都合さえ合えば、程なく再送の段取りになったと考えておきたい。

なお、この覚書の年代は、代官小長谷正綱の在任期間（元禄十三年～宝永七年）から日置謙編『加賀藩史料』五が確定したものである。

■事例⑫：享保二年（一七一七）

新出の加賀藩家老役中川長定（式部。一六七五～一七三九）の覚書（『中川長定覚書』）(21)、および享保二年四月付「於八丈島宇喜多一家之人々江遺物之覚」（『浮田家一件』(22)所収）、そして『参議公年表』(23)享保三年六月条所収の宇喜多孫助（のち孫九郎。惣領家五代）らの請取状等に拠る。

【史料19】『中川長定覚書』享保二年三月十二日条（部分）

一、八丈島浮田御一家人数又被遺物之儀、御代替方之故、阿部豊後守（正喬）殿承置可被申旨ニ而、豊後守殿役人三沢幸右衛門、聞番沢田源太夫（長宥）江申聞候趣、御使書入御覧御書記被遣之筈ニ候旨、内匠（成瀬当栄）・湯原甚右衛門（成門）ニ申聞候ニ付、則御用所ゟ右之一巻請取、内蔵助（成瀬当隆）殿へ相達候、

徳川吉宗の将軍就任（「御代替」）にともない、老中阿部正喬から「八丈島浮田御一家人数又被遺物」について照会があった（【史料19】）。そこで加賀藩から差し出されたのが、けだし【史料20】宇喜多一類への送品目録であった。

なお、【史料20】は品目を書き上げたあと、「右品々先年より隔年ニ遣申候、此外薬種願越候ニ付而、遣候義も御座候」と註記を付し、「白米　七拾俵　但四斗入」は別箇に「右一家の者共より願越候江共（マヽ）、一ケ度ニ右の員数宛遣申候」と記す。すなわち、隔年送付は金子や衣類等、白米は願出があった場合その都度七十俵（四斗入）を送るという理解でいい。宇喜多孫助宛の物品一覧および白米送付に関する箇所を以下に掲げよう。

【史料20】「於八丈島宇喜多一家之人々江遣物之覚」（部分）

享保二丁酉年、阿部豊後守（正喬）殿より、御一家之人数、
并前々より被進候物之品々、御聞被成度旨に付而、御書付被遣候、
　於八丈島宇喜多一家之人々江遣物之覚

宇喜多孫助江

一、二十四　金壱歩
一、弐疋　絹　但小袖表二ツ分
　内　壱ツ花色小紋五所紋
　　　壱ツ無地花色五所紋
一、五つ　染帷子　内弐ツゆかた染
　弐ツ花色無地五所紋
　壱ツ同小紋五所紋
一、三端　表染木綿　一、三端　裏浅黄木綿
一、三筋　上帯　但地織　一、五筋　三尺染手拭
一、五筋　布染たくり　一、五束　中折

一、五本　羽子（扇）　　一、五本　内（三本小刀　二挺剃刀）
一、壱香合　牛黄円　　一、壱包　西大寺
一、壱包　虫薬　　一、壱包　腹留薬
一、三百目　すか糸　　一、十把　綿　内五把摘綿
一、十端　木綿　　一、十対　筆
一、三挺　墨　　一、三百目　苧
一、三斤　煎茶
（中略）
右品々先年より隔年ニ遣申候、此外薬種願越候ニ付而、遣候義も御座候、
一、白米　七拾俵　但四斗入
右一家の者共より願越候江共（ママ）、一ケ度ニ右の員数宛遣申候、已上、
四月

これらの送品は、代官河原正真（清兵衛）を介して程なく行われたらしく、【史料21】翌年六月に届いた次の書面によれば、七月二十九日に八丈島に着船したことがわかる。

【史料21】『参議公年表』享保三年六月条（部分）
此月（享保三年六月）、八丈島浮田殿ヨリ返書并由緒書（但由緒書ハ彼島御代官河原清兵衛殿ニ御頼被遣御調御越、）之写、

覚

一、七拾俵　白米四斗入

右者当島一昨年不作仕、拙者共義難義仕候ニ付、助成米之義御願申上候処、宰相様（前田綱紀）迄被仰上、御代官河原清兵衛（正真）殿御頼被遊、去酉（享保二年）七月廿九日御船島着仕、慥請取如例夫々配分頂戴仕候、以御影（蔭）若年之一類共助命仕、御厚恩之程難在仕合奉存候、此段何分ニ茂宰相様御前可然様御執成奉願上候、以上、

戌三月廿二日

村田助六　印
浮田半六　印
浮田小平次印
浮田次郎吉印
浮田半平　印
浮田小助　印
宇喜多孫助印

前田修理（知頼）様

八丈島渡海之御船御出帆ニ付、一筆啓上仕候、先以其御表、宰相様（前田綱紀）倍御機嫌克可被為遊御座と恐悦奉存候、次貴公様（前田知頼）弥御勇健ニ可被成御勤と珍重奉存候、然者当島打続困窮に而拙者渡世仕兼候趣、去ル申（享保元年）八月願上候処、宰相様江委細被仰上、七拾俵白米四斗入、御代官河原清兵衛殿御願、去酉（享保二年）之御船便被為下置候処、無相違相届、慥ニ請取申、如前々夫々配分頂戴仕候、以御慈悲一類共助命仕、難有仕合奉存候、将又此度者麦作・田作共不作仕候而、難義千万ニ奉存候ニ付、別紙願書一通差上申候間、何分ニ茂宰相様御前宜様御執成奉願上候、恐惶謹言、

戌三月廿二日　村田助六印
前田修理様　其外六人連印

【史料21】に拠って、さらにこの時の白米送付が、八丈島の不作を事由に「去申」＝享保元年八月に願書を提出したことによって成されたことが判明する。また、「別紙願書一通」とある通り（ここでは掲出を略したが）さらに合力米の送付が願い出られている。

以上を整理しよう。享保元年の八丈島不作により「助成米」の願出があり、翌年、隔年送付の品目に「助成米」（白米七十俵、四斗入）を加えて、加賀藩は月番老中（阿部正喬）に送品申請を行って許可を得、代官河原正真を介して送付した。これらの品々は同年七月二十九日に八丈島に到着した。家老役前田知頼（修理）宛の宇喜多孫助らの請取状は、翌享保三年三月に用意され、同年六月に至って加賀藩に届いた。また、加賀藩には請取状のほか、八丈島不作にともなう「合力米」の願書と「八丈島浮田一家由緒人別書付」（掲出略）が添えられていた。

■事例⑬：享保四年（一七一九）

引き続き『中川長定覚書』及び『参議公年表』から。事例⑥・⑧・⑨と同じく臨時の送品と見られる。さきの事例⑫【史料21】の通り、八丈島不作のため（享保三年）三月付で「助成米」願いが作成され、加賀藩はこれを同年六月に受領していた。そこで享保四年二月四日、家老役の成瀬当隆（内蔵助）・玉井貞信（勘解由）・中川長定は、前例踏襲で「白米四斗入七拾俵」を、代官河原正真に便船の有無等を照会し、あわせて「御用番」（月番老中）へ届け出た上で送付することを前田綱紀に確認し、即日許可を得た（【史料22】）。次いで四月七日、老中井上正岑（河内守）から白米送付「御勝手次第」との許可が下り、宇喜多孫助らに宛てて、成瀬ら家老役連署の送付状が調えられた（【史料23】）。

【史料22】『中川長定覚書』享保四年二月四日条（部分）

一、八丈島去々年不作ニ付、宇喜多御一家ゟ御助成被願之趣、去年申来候間、前々通白米四斗入七拾俵、御代官河原清兵衛殿（正真）へ便船之義承合、御用番へ御届之上被遣候而可有御座候哉奉伺候、以上、　二月四日
成瀬（当隆）・玉井（貞信）・中川（長定）　右之紙面被物ニて以内匠（成瀬当栄）上之候へハ、以内匠被返下、此通と被仰出候ニ付、右紙面勘解由（玉井貞信）ニ相渡、御上屋敷内蔵助（成瀬当隆）方へ差遣候、

【史料23】『中川長定覚書』享保四年四月七日条（部分）

一、浮田御一家江被遣物之儀、御勝手次第之旨、井上河内守殿（正岑）ゟ被仰渡候ニ付而、浮田殿一家江差遣候紙面□、
○七拾俵白米但四斗入、右其島去年麦作者大概相見候得共、打続困窮故御難義候条、助成米御差越候様被成度旨、去戌三月之御紙面到来、則宰相殿（前田綱紀）江相達候処、御代官河原清兵衛殿（正真）頼被申、此度之便船ニ右之通被相越候間、如毎夫々御配分可被成候、以上、己亥（享保四年）四月、宇喜多孫助様・浮田小助様・浮田半平様・浮田次郎吉様・浮田小平次様・浮田半六様　玉井勘解由（貞信）・成瀬内蔵助（当隆）・中川式部（長定）

この白米は無事八丈島に到着した。【史料24】七月三日付の返書が河原正真を介して十月十九日に江戸藩邸に届いたという。なお、白米送付時に加賀藩は、宇喜多一類の人数や増減（死亡・出生）について届け出るよう申し入れていたらしい。宇喜多孫助らは、これを承諾し、一類の「続書」は次の便船に託す旨を返答した。

【史料24】『参議公年表』享保四年十月十九日条（部分）

此日（享保四年十月十九日）、八丈島宇喜多孫助等ヨリ紙面、御代官河原清兵衛（正真）殿ヨリ被相届、

御別紙拝見仕候、然者拙者共一類当時存生続之様子近年存亡等有之不分明ニ候之間、本家之続委細相記差上、尤以後増減等有之度々可申上之旨奉得其意候、当船便急使ニ御座候間、跡御船便当年中御出国之由、其砌相記可差上之候、以上、

亥（享保四年）七月三日　　宇喜多孫助・浮田小助・浮田半平
　　浮田次郎吉・浮田小平次

加賀宰相（前田綱紀）様御内
　本多周防守（政質）様・奥村伊予守（有輝）様・前田近江守（直堅）様

■事例⑭〜⑮：享保五年・同六年（一七二〇・二一）

事例⑬と同じく『中川長定覚書』・『参議公年表』等から。この二例は事情が込み入っている。すなわち事例⑭定期送品は便船難破のため不着、そこで不着の荷物は翌年、事例⑮白米と同時に送られる。

享保五年二月九日、「隔年ニ被遣御荷物品々、今年被遣筈御座候間」云々と、隔年送品の慣例に従って、例によって家老役（本多・玉井・成瀬・中川）の連名によって前田綱紀に伺いが立てられた（上申は翌日）。前例に則って、代官河原正真の手代へ便船照会の上、頃合いを見計らい「御用番」＝月番老中まで届け出を行うと。綱紀の許可は即日下りている（【史料25】）。

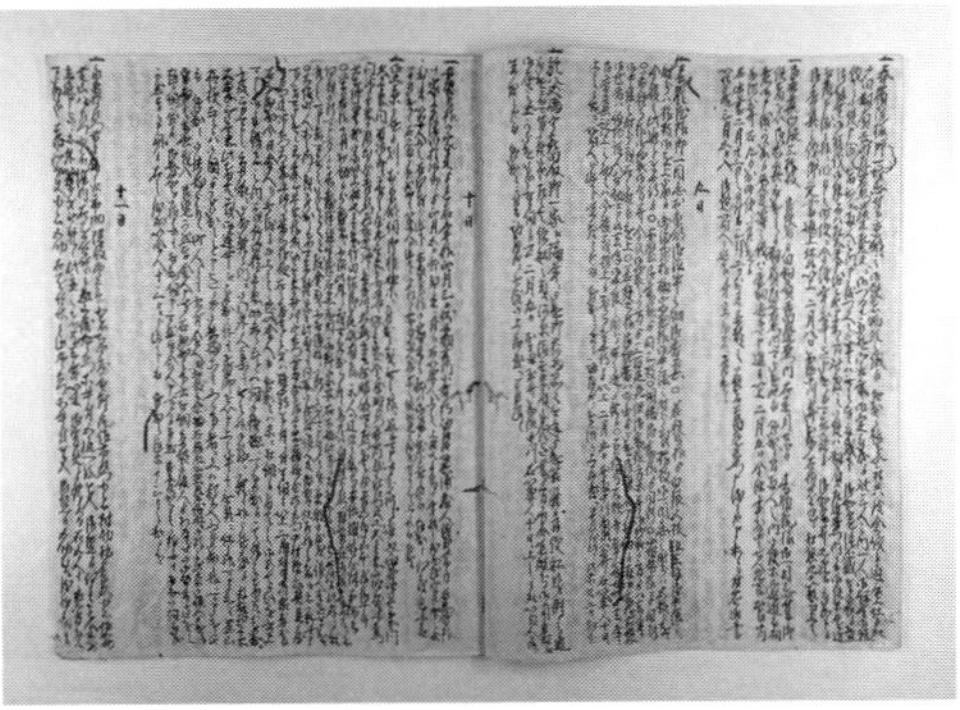

『中川長定覚書』46　享保5年2月9日条等
（金沢市立玉川図書館近世史料館所蔵）

【史料25】『中川長定覚書』享保五年二月九日条（部分）

一、於八丈島宇喜田殿御一家江隔年ニ被遣御荷物品々、今年被遣筈御座
候間、便船次第例之通被遣ニ而可有御座候哉、左候者便船之義、河
原清兵衛《（正真）》殿手代迄前方承合、宜時分御用番江御届之上可被遣候哉奉
伺候、以上、二月九日、本多・玉井・成瀬・中川、右以要人《（玉井真信）》十日ニ
上之候処以同人被返下、宜敷之由被仰出候ニ付而勘解由ニ相渡、御
上屋敷へ差越候、

この隔年送付の品々は、八丈島からの便船（「御用船」）が江戸に到着するのを待ち、同年秋に至って河原正真の手代に預けられた（【史料26〜27】）。江戸藩邸（聞番湯原成門（甚右衛門）宛）に届いた（代官河原正真の）手代杉江十蔵らの請取状（七月十七日付）から、品目の詳細を確かめ得る（【史料26】）。この書上の品目および員数は、前述【史料20】「於八丈島宇喜多一家之人々江遣物之覚」（享保二年四月付）の総数と大凡一致する。

【史料26】『参議公年表』享保五年七月十七日条（部分）

十七日江戸、八丈島浮田御一家エ被遣物、河原清兵衛《（正真）》殿手代ヨリ請取来ル、

覚

一、壱歩　百六拾八
一、帷子　弐拾弐反
一、上帯　拾八筋
一、染たくり　弐拾二筋
一、扇子　拾本
一、牛王円　三香合
一、虫薬　三包
一、すか糸　六百目
一、筆　拾対
一、苧　六百目
一、絹　拾四疋
一、木綿　七拾六反
一、三尺手拭　弐拾弐筋
一、中折　三拾弐束
一、刺刀小刀はさみ　拾本
一、西大寺　三包
一、腹留薬　三包
一、真綿　弐拾把
一、墨　三挺
一、煎茶　六斤

右之通、今度八丈島宇喜多御家中江為御見届品々葛籠壱荷入、別紙目録之通就被遣受取申候、以上、

（享保五年）子七月十七日　杉江十蔵・白七郎左衛門

湊川太五右衛門

湯原甚右衛門（成門）殿

さて、さきに江戸に到った八丈島からの便船は、宇喜多一類からの書簡を預かっていた。白米送付の願出等である。代官河原正真（七月五日付）の添状、および「宇喜多一類中ゟ書状壱通、願書壱通、并続書弐通」が加賀藩の聞番沢田・湯原・菊池宛に届いた（【史料27】）。そのうち「続書弐通」は、【史料24】で宇喜多孫助らが提出を約してい

た家系図（宇喜多一類・村田一類）で、前田土佐守家資料館・加越能文庫に残されている。残りの「書状壱通」と「願書壱通」の詳細は不明であるが、後者は白米送付願であったと判断できる（【史料28～29】）。

【史料27】「浮田一家続書」[24] 裏紙

以手紙致啓上候、残暑ニ御座候得共、——然者去ル比、八丈御用船江戸着ニ付、宇喜多一類中ゟ書状壱通、願書壱通、并続書弐通被指越候間、相越申候、且又、——如此御座候、以上、

（朱書）「享保五庚子年」七月五日　河原清兵衛（正真）

沢田源大夫（長宥）様・湯原甚右衛門（成門）様・菊池甚十郎（知定）様

ただし、白米送付には、例によって藩主や月番老中の許可を得なければならない。前田綱紀は去る四月に江戸を発って帰国し、加賀国金沢城にいる。この白米は、【史料26】の荷物と同時に便船に載せることはできなかった。「願書壱通」等はこのあと国許へ送られ、同年八月、綱紀に披露されている（【史料28】）。

ところが、さきの便船が「遭難風於海上打捨」＝難風のため遭難し、荷物は海上に投棄されてしまう（【史料28】）。「豆州冲ニ而致破船」（後掲【史料30】）ともいう。この情報が加賀藩に届いたのは享保五年十月である。

そこで、遭難のため不達の荷物と宇喜多一類の願出によって用意された「御助成米」（「前々之通白米四斗入七拾俵」）は、翌年改めて送付されることになった。翌享保六年三月十三日、「夏中至便船次第」に物資の再送について、前田綱紀に伺いが立てられ、同月十八日に「両品共早速可被遣候旨」裁可される。次いで聞番が月番老中井上正岑（河内守）に届け出た上で、代官河原正真に送品目録が託された。目録の日付は（享保六年）四月七日付である（【史

料28～29】）。この荷物は無事島に到着し、請取状が後掲【史料33】翌年七月にもたらされるが、これは事例⑰において確認する。

【史料28】『中川長定覚書』享保六年三月十三日条（部分）

一、八丈島浮田御一家ゟ御助成米之義、願之趣申来候ニ付、去年八月於御国年寄中ゟ奉伺、前々之通白米四斗入七拾俵便船次第被遣筈ニ付、御用意仕置候得共、去年ハ便船無之ニ付、未被遣候、去月廿日比、便船有之由、河原清兵衛（正真）殿ゟ聞番迄被申越候間、件之御米被遣候義、并手代共へ前々之通被下物候義、御用人可申談与奉存候間、奉達御聴候、

彼島へ隔年ニ被遣御荷物、去年被遣番ニ付、例之通早々去秋清兵衛殿へ御頼被遣候処、遭難風於海上打捨申段、去年十月清兵衛殿ゟ被申越候趣ニ御座候、尚夏中至便船次第、右品々重而被遣可有御座候哉奉伺候、以上、三月十三日　本多・前田・中川　右被物ニて以数馬今晩上之、

右紙面、以藤九郎（生駒信行）十八日に被返下、両品共早速可被遣候旨、被仰出候ニ付而、則御米ハ三月廿日之紙面、聞番清兵衛殿へ持参相渡、御米ハ廿一日ニ相渡候由、

【史料29】『中川長定覚書』享保六年三月二十四日条（部分）

一、八丈島浮田御一家江隔年ニ被遣候品々荷物、去年河原清兵衛（正真）殿迄御頼之遣候処、難風逢打捨申越ニ付、又此度其品々、重而被遣之候ニ付而、例之通其品々を目録ニ相調、浮田一家各宛前ニ而、図書（本多政冬）・修理（前田知頼）・式部（中川長定）各判ニ而遣之候、尤右品々之通、清兵衛殿へ頼被遣候、便船有之候、依之如例御用番井上河内守（正岑）殿江茂御届ニ聞番罷越、右御届相済、四月七日之日付ニて、目録相調、清兵衛殿へ四月七日ニ聞番持参、相渡候、

■事例⑯：享保七年（一七二二）[25]

引き続き『中川長定覚書』から。隔年の「御荷物」に白米を加えて送られた。この白米は、恐らく事例⑮「御助成米」送付の後、例によって八丈島から白米支援の願出があって、これに応えたものと推測できる。まず送品の経緯を【史料30〜32】によって確認する。

【史料30】『中川長定覚書』享保七年二月十八日条（部分）

一、八丈島浮田御一家江隔年ニ被遣御荷物、今年被遣年ニ御座候、御願舟来月中出帆之由御座候間、前々通御用番江御伺之上被遣ニ而可有御座候哉、○去々年被遣御荷物ハ、豆州沖ニ而致破船候ニ付、去年重而被遣候、以上、二月十八日　本多（政冬）・前田（知頼）・中川（長定）　右御用所ゟ差出候付、則惣右衛門御次江持参上之申候、其以後勘六郎ニ相渡、平太夫差越入御覧候由申越候ニ付、御用人庄田五左衛門（孝伝）江申渡候、御用番江御届之義、聞番湯原甚右衛門（成門）へ図書（本多政冬）申渡候、

【史料31】『中川長定覚書』享保七年三月九日条（部分）

一、八丈島浮田御一家へ被遣物之義、先月十八日以紙面相伺候而入御覧御出シ被遊、御用人江茂申渡、被遣物等用意夫々出来ニ付、此度御用番江河原清兵衛（正真）殿へ御頼被成候義、聞番罷越御届申入候様ニ可申談候由、以平太夫達御聴、則此度被遣候物之目録以同人入御覧候処、以同人被返下、是ハ御前ニ御覧届不及候、何も見届例之通相替義無之候ヘハ其通候、御用番・河原清兵衛殿へ之御届之義、聞番へ可申渡旨被仰出候ニ付夫々申渡候、（後略）

【史料32】『中川長定覚書』享保七年三月二十一日条（部分）

一、八丈島へ被遣物何比相渡可申哉之旨、河原清兵衛（正真）殿手代へ承合候処、廿四日請取可申由申来候、出帆之義ハいまた相知不申候由之旨、沢田源太夫（長宥）申聞ニ付、御用人へ申遣候様申談候、

享保七年二月十八日、中川長定は本多（政冬）・前田（知頼）の両家老役と連署で、前田綱紀に伺いを立てた。今年は八丈島宇喜多一類へ隔年の「御荷物」を送る年にあたる。八丈島への便船は来月中にも出帆予定だから、前例通り「御用番」（月番老中）へ届出のうえ、送品を手配してよいかと。また、一昨年の送品は、便船が伊豆沖で遭難したため、去年再送したことも申し添えている。月番老中への届出（送品目録等を提示）は、本多政冬（図書）から聞番湯原成門へ指示がなされた（【史料30】）。

荷物の用意が出来た三月九日、月番老中への届出に先立って送品目録を前田綱紀に提示したところ、前例通りで変更がなければその通りで問題ないとの御意あり。次いで月番老中への届出、代官河原正真への連絡につき指示が出されている（【史料31】）。

その後、中川の覚書には特段の記載はなく【史料32】が現れるから、月番老中の許可は滞りなく下りたらしい。三月二十四日、河原正真の手代に荷物が引き渡される予定という。出帆の日次は定かでない（【史料32】）。以降、中川の覚書に破船等の支障は見出せぬから、支援物資は程なく八丈島へ送られたと考えたい。

■事例⑰：享保八年（一七二四）頃

事例⑯送付後ほどなく、【史料33】中川長定は次掲のごとく書き付けている。

【史料33】『中川長定覚書』享保七年七月十一日条（部分）

去年四月七日之返書、

一、河原清兵衛（正真）殿ゟ聞番中へ紙面ニて宇喜田中へ被遣候品相達、則返書等且又預書付一通差越候由ニて被差越候、如例之被遣候物之書立ニ裏書判有、

○八丈島浮田御一家中へ去年被遣候御米并御荷物相届候由、目録裏書之物一通、米相達候返書一通、又候御合力米願之趣申来候、紙面両通此度到来候由ニ而、河原清兵衛殿ゟ聞番迄被指越候ニ付、清兵衛殿紙面共品々五品奉入御覧候、○此度御米願之趣申来候、前々ハ御用番へ御伺之上、便船次第白米四斗入七拾俵被遣候、此度之義如何可有御座哉、以上、七月十二日　中川（長定）・成瀬（当隆）

右以主税上之候処、以藤九郎（生駒信行）被返下、御伺可有之旨被仰出候ニ付、御用人中村吉郎兵衛（尚正）へ申渡、聞番申演候様ニ申聞置候処、聞番ゟ清兵衛殿役人迄出船之義相尋候処ニ、右役人ゟ申越候ハ、大かたハ当年ハ出船ハ有之間敷候、来春ならてハ便船有之間敷と存候、乍然若出船便船之義有之候ハヽ、御案内可申旨申越候由、吉郎兵衛申聞候ニ付、其趣以数馬達御聴、御用番へ御届之義ハ清兵衛殿ゟ御案内有之候ハヽ、其時分御届有之候様可仕旨申上置候、十四日達御聴候処、其通と被仰出候由、数馬午助ニ申越候、

事例⑯の送付と入れ違いに、前回＝事例⑮享保六年に再送した品々（送品目録は【史料29】通り四月七日付）の請取状等が、河原正真から江戸藩邸の聞番に届けられた（恐らく、この紙面を八丈島から運んできた便船に、事例⑯の荷物は託されたのだろう）。

紙面は二通である。一通は送品目録に（宇喜多一類が請取を証する）裏書を加えたもの、今一通は白米の請取状だが、「御合力米」の無心が書き添えられていた。中川が「又候」と記すように、かかる要望は事例⑬〜⑯を見ても明白、ほとんど毎度のことである。

中川はそこで、家老役成瀬（当隆）と連名で綱紀に伺いを立てる。前例踏襲ならば、月番老中へ届出のうえ白米七十俵（四斗入）の送付だが、今回の「御米願」はいかが取り計らうべきかと。河原正真に照会したところ、次の便船は恐らくは来春、今年中の出帆は恐らくないそうだが――。以上を聞いた綱紀は、「御米願」送付は便船次第で構わないと裁可した（【史料33】）。その後の経過は不明であるが、河原の見込み通りならば、恐らくは翌享保八年の春を待って例の如く送られたと思われる。

なお、前田綱紀の隠居は享保八年五月、その江戸における死去は翌九年五月九日のことである。享年八十二。

三、小括

ここまで八丈島支援の事例①〜⑰について信憑できる史料から確認・検討した。これら全体を俯瞰して新たに得られた知見を以下に掲げたい。

まず、通説にいう八丈島への「隔年」送品であるが、①〜⑰のうち、この一年おきという周期を明示する史料は、事例⑫享保二年（一七一七）のもの（「先年より隔年ニ遣申候」）が現時点では最も早い。それ以前の場合、事例③天和三年（一六八三）の「毎歳」という記述や、事例⑥元禄六年（一六九三）・⑦元禄九年・⑧元禄十一年の間隔から、二〜三年に一回という事実が確認できる。しかも、事例⑧の時点（元禄十一年）で「御用所」には元禄六・九年両度の記録しかなかった点を踏まえれば、八丈島からの願出等はその都度、当時の担当者が事案を処理するに止まり、それを前例として記録し、後日に備えるという認識が加賀藩側に薄かったことが想定できよう。史料の残存状況や、便船の発着予定が連年流動的であることを考慮に入れれば即断は難しいが、おおむね十七世紀の段階では、送品は便船次第、不定期の特殊事案で、連年のこともあれば二～三年周期の場合もあったと考えておきたい。すなわち加賀藩による「隔年」送付＝送品の定例化はそれ以後、事例⑫享保二年以前の十八世紀初頭に至って定着したものと思しい。

恐らくは、事例⑩や事例⑭の如き、往々にしてあった便船の遭難・座礁が、かかる送品の「隔年」送付化を促したように考えられる。けだし、着不着が自然現象に左右される不安定さを多少なりとも補うための定例化であろう。すなわち、一年おきに送品手続きを行い、物品が無事到着すれば問題なし、不着の場合は翌年に再送する、という慣例が、経験則に基づいて形成されたと見るのが穏当ではなかろうか。

また、ことに享保期の事例⑫～⑰からは、藩主（前田綱紀）の承認や月番老中への届出・代官との情報交換が極めて事務的に処理される様子が見て取れる。不時の白米送付もこの時期には往々あったらしく、江戸の藩重役はこれを機械的に取り捌いている。かかる様子からも、「隔年」云々と表現される送品の慣例化は充分是認できる。

ここでは、前田綱紀施政期、八丈島への「隔年」＝定期的送品慣例が（柔軟な運用のもと）形成された点を指摘しておきたい。

次いで、「合力米」・「助成米」等と表現される白米送付の問題を整理する。白米は事例⑥・⑧・⑨・⑩・⑪・⑫・⑬・⑮・⑰で送られているが、（事例⑩～⑪を除き）すべて八丈島から不作・困窮等の白米送付願受領の上での送付であることを確認できる。そうした慣例の存在は、十八世紀後半の【史料33～34】からも明瞭に読み取られる。すなわち、加賀藩は隔年「見届物」を送付するほか、「困窮之節願来候ハ白米七拾俵」をさらに送付したと見なしていい。

【史料33】安永三年（一七七四）三月付江川太郎左衛門「伊豆国附島々様子大概書写シ」[26]（部分）

一、八丈島流人宇喜多一類へ松平加賀守方より為見届隔年ニ葛籠壱荷着類其外品々入差遣申候、困窮之節願来候へハ白米七拾俵為見届差遣申候、

一、右見届物差候節は島支配之代官屋敷え致持参候ニ付相改致封印御用船預リ之物へ相渡遣申候、尤翌年御用船便請取書差越候ニ付加賀守方へ相届ケ申候、

【史料34】秋山章『南方海島志』[27]（寛政三年（一七九一）十一月自序）（部分）

○浮田一族エ松平加賀守ヨリ為見届葛籠一荷ツ、隔年ニ贈ル、島困窮ノ時一族共願ニ依テ白米七拾俵ツ、贈リツカワス、

本章での検討を踏まえていえば、これら十八世紀後半の証言は、事例⑫享保二年の時点ですでに慣例化していたこと、そしてこの慣例が少なくとも事例⑥元禄六年までは遡り得ることを指摘できる。従って【史料33~34】の記事は（隔年送品の事実も含め）十七世紀末以降の加賀藩による八丈島への送品をほぼ正確に述べたものと評価できよう。ただし、白米の量「白米七十俵」（四斗入）が固定されるのは、少なくとも事例⑩元禄十六年以降のことであり、それ以前は事例⑥二十石、事例⑧四斗入二十五俵（十石）、事例⑨四斗入六十俵（二十四石）と多寡に出入りがある。一俵が五斗入から四斗入に変更されるのも、事例⑧元禄十一年の送付時のことであった。

また、白米は「困窮之節願来候へハ」、すなわち八丈島からの願出がなければ送付されない、という点には注意を要する。というのは、事例⑧・⑨・⑫・⑬・⑮・⑰のように、隔年送付と変わらぬ頻度で八丈島から困窮の訴えが届いており、ほとんど白米送付が定例化しているからである。

前述の通り、隔年送品の慣例化がいかに進んでも、便船の都合に左右される支援には、遭難の可能性など不安定さは拭いきれない。加えて八丈島の食糧事情を勘案すれば、八丈島の宇喜多一類としては、あらゆる機会を捉えて、支援を願い出ておくのが賢明な判断であろう。恐らくは隔年送品以外の「御米願」はかかる事情を背景に、半ば常態化していたことが指摘できるが、いかがであろう。前田綱紀没後の送品事例を検しても、残存史料は白米の請取や願出に関するものが多い。宇喜多一類のしたたかさを、筆者はここに垣間見たい。それから冒頭で整理した通説＝隔年白米七十俵と金品等の送付のうち、白米の送付に関する点については、右の通り認識を改める必要があることを指摘しておく。

しかし何故、通説がこのように事実と齟齬を来してしまったのか[28]。以下筆者の推定であるが、金子その他は送付目録を加賀藩に返送するため、八丈島には白米の送付状しか残らなかったこと、そして送付目録がほとんど散逸した一方で、白米の送付状は子孫らに大切に保管され、その内容が現在に数多く伝えられたことに、その原因が求められるのではなかろうか。

なお、金子について通説では隔年「三十五両」とするが、惣領孫九郎ほか各家の当主毎に一定額を送付していたのが実情であるから、その多寡は送付先の増減に左右されるわけで、事例⑫では【史料20】（引用外の記載も含む）の合計＝一歩金百六十四枚＝四十一両、事例⑭では【史料26】一歩金百六十八枚＝四十二両である。白米同様この通説的見方は、その送付基準（宇喜多一類に一律の定額ではなく、惣領孫九郎以下各家の当主に一定額）および額面（一定額ではなく、送付先の増減に基づいた額）において根本的な見直しが必要である。

次いで、加賀藩の手続きについて整理したい。これも右の隔年送品・白米送付の慣例化にともなって前例が蓄積され、事例を重ねて事務処理の流れも固まっていったものと思われる。

そこで送付の手続きを事例①～⑰をもとに摘示すると、

一、隔年送付（ないし白米送付）のため加賀藩から月番老中および八丈島代官へ連絡

二、月番老中へ送品目録を提出して許可を得る

三、八丈島代官（手代）に金子等の荷物を引き渡す

およそ以上の通り。一々が藩主（前田綱紀）に報告され、裁可を得ていたことは勿論である。藩主が在国の場合も、江戸藩邸から国許に代官等の書簡が廻送され、藩主の許可を取っていた（事例⑮）。ただし[29]、飛脚が江戸・金沢間を往復する間に、八丈島行きの便船を逃してしまう恐れもあるため、一～三の手続きは基本的に藩主が在府のうちに処理されたようである。

また、宇喜多一類が返送する目録や願書等を家老役に宛てて送っているように、送品の差配や目録の加判等は原則家老役（事例⑤他）、老中・代官との連絡調整は在府の聞番（同上）が、それぞれ担っていたことも指摘できる。なお、家老役支配の聞番は「留守居ノ者聞番ノ事」（『菅君雑録』七[30]）と記される通り、他藩における江戸留守居役に相当する（なお、加賀藩においても聞番とは別に江戸留守居役が置かれた時期もある。第二章を参照）。

初期の事例②では、代官伊奈忠易から加賀藩側に「八丈島渡海之舟近日致出舟候、彼島江御用有之間鋪哉」と、便船の近日出帆に先立ち、送品の有無を尋ねている。送品の頻度・間隔がこの延宝九年（一六八一）頃にはいまだ明確に定まっていなかったため、代官側から照会されたのかもしれないが、右の送品手続き「一」は、加賀藩側から開始される場合以外に、八丈島代官の側からの動きによって始まる場合もあったらしい（宝暦七年〔一七五七〕八月にも同様の照会有り）(31)。

そのほか八丈島の宇喜多一類は、その増減（死亡や出生）を便船出帆の度毎に、加賀藩へ届け出ていたらしき点が窺われ、加賀藩でも続書を提出させるなど把握に努めていたことが指摘できる（事例⑧他）。荷物が到着すると、宇喜多一類がその請取を証するため送品目録に裏書して返送したことも確認しておこう（事例④・⑤・⑮）。裏書の文言は、管見の限り、寛政八年（一七九六）六月付で返送された目録が初出の残存事例である。すなわち「御表書之通、無相違奉請取難有頂戴仕候、以上」との文言に、村田助六を含む宇喜多孫九郎以下一類の連署・印判が据えられている（『八丈島一件』(32)）。

以上、加賀藩による八丈島宇喜多一類への送品につき、前田綱紀期における事例の検討および当該期に限定されるが通説の見直しを行った。続く第二章では、本章における議論を踏まえ、前田綱紀の次代＝吉徳期以降の事例を検討し、幕末・明治維新に至る送品慣例の各種具体相を明らかにしたい。

註

（1）その端緒について通説的理解の問題点は序章を参照。
（2）森田柿園『金沢古蹟志』十一。引用は加越能文庫所蔵の柿園自筆本に拠った。
（3）日置謙『改訂増補加能郷土辞彙』（北国新聞社、一九五六年）「宇喜多秀家」の項。

（4）葛西重雄・吉田貫三『増補四訂八丈島流人銘々伝』（第一書房、一九九五年。初版一九六四年）。
（5）川崎長五郎『江戸時代の八丈島―孤島苦の究明―』（東京都、一九六四年）。
（6）大隈三好『伊豆七島流人史』（雄山閣、一九七四年）。
（7）立石定夫『戦国宇喜多一族』（新人物往来社、一九八八年）。
（8）渡邊大門『宇喜多直家・秀家』（ミネルヴァ書房、二〇一一年）二八四、二八六～二八八頁。もとより渡邊氏は実証的な検討を行っている訳ではないが、読者の便宜のため以下の通り私見を述べておきたい。まず前田家と八丈島との関係につき「特に、宇喜多家の援助に熱心であったのは、第五代加賀藩主前田綱紀であった」（二八七頁）と述べ、刊本『加賀藩史料』掲載の関係史料を列挙するが、『加賀藩史料』自体の収録基準の不明瞭さ（『加賀藩史料』における八丈島関連の記事は、著しく綱紀期の事例に偏って収載されている。綱紀期以外の事例は、幕末に至る約百四十年で、元文元年〔一七三六〕の他わずか三件を拾うに過ぎない）に照らせば、渡邊氏の評価には賛同し難い。試みに『八丈実記』を紐解けば、白米の請取例に限っても延享元年（一七四四）、寛延二年（一七四九）、宝暦二年（一七五二）、同四年、明和七年（一七七〇）、安永三年（一七七四）、慶応三年（一八六七）の事例を確認できる。八丈島支援について歴代藩主中際立って綱紀が「熱心」であったという渡邊氏の評価は、恐らく刊本『加賀藩史料』掲載の関係史料のみに依拠した印象批評に過ぎないのである。同様に、渡邊氏は『越登賀三州志』を挙げて「前田家からは、毎年八丈島の宇喜多氏に対して、様々な物品が贈られていた」（二八四頁）と明言するが、これを裏付ける確かな史料を提示する訳でもなく、加うるに、本書で実証する通り、「毎年」云々という史実は存在しない。渡邊氏は編纂史料＝冨田景周『越登賀三州志』鞬櫜余考（寛政十年〔一七九八〕自序）十四における考証（「按ルニ当家ヨリ毎歳八丈島浮田家子孫へ資用ノ為ニ左ニ記ス目録ノ如ク送ラセラル」。引用は加越能文庫所蔵本に拠る）に、素直に拠ったに過ぎないのであろう。本章の事例①・③・⑦～⑧・⑫～⑰等が新出の同時代史料に拠っているように、加賀藩前田家に関する議論において刊本『加賀藩史料』や編纂史料のみに依拠して立論する危うさを、この渡邊氏の謬見からあわせて指摘しておきたい。また、渡邊氏は近時『流罪の日本史』（ちくま新書、二〇一七年）を上梓し、配流された秀家やその子孫について詳しく取り上げるが（二二六〜二五二頁）、多少語句の順序を入れ換えた程度で、既出『宇喜多直家・秀家』における叙述と大差なく、これといった新たな知見はない。むしろ享保三年に誤った西暦年「一六九〇」を註記（二ヶ所。二四七頁）したり、存在しない「慶安六年」（二四二頁）や、「伏見宮定清」（二四三頁。正しくは貞清）・『前田貞親日記』（二四六頁。『前田貞親手記』の誤記）・『前田定直筆記』（二四八頁。『前田貞直筆記』の誤記）といった単純な誤記や、「秀家は花房氏の好意に対して、希望する品物のリストを送っていた様子がうかがえる」（二三八頁。花房氏による八丈島支援に関しては序章を参照）の如き、何をどう誤解すればそうした叙述ができるのか理解に苦しむ事実誤認が目立つ。少なくとも右の点はいずれも『宇喜多直家・秀家』から引き継がれた誤りであって、適切な校正を行ったのか否かさえ定かではない。ここで摘示して読者に注意を促しておく。加えて、残存史料に基づかない独自の記述（事実誤認）が『流罪の日本史』にはさらに追加されており看過できない。たとえば、「難波氏は宇喜多氏の家臣の一人で、秀家が八丈島に流されたのち、備前国西大寺（岡山市東区）から舟に乗り、秀家との面会を果たしたことで知られている」（二二八頁）といい、渡邊氏の書き方では周知の事実であるらしいが、筆者は寡聞にしてそのような逸話を知らず、残存史料からもそうした事実は確認できない。伏見宮貞清に嫁いだ秀家の娘について「名前は、先勝院といわれている。その子女のなかには、徳川家綱に嫁いだ娘もいた」（二四三頁）と記すが、彼女の法名は寿星院である（序章を参照）。また、貞清の娘は徳川家綱に嫁ぐが、その娘の誕生前に寿星院は没している。既出「伏見宮定清」という誤記（二四三頁）も含めて、この部分に関しては、ほとんどが事実誤認である。そのほか「秀家没後の宇喜多家では本来の「宇喜多」姓を名乗らず、同じ読み方の「浮田」姓を用いるようになった」（二四五頁）という記述も初歩的な誤りである（物領家は代々「宇喜多」を名乗る）。このように枚挙に暇がない問題点は、いずれも大西著書③・④、拙稿「樹正院の「御養子」寿星院について」（『宇喜多家史談会会報』六一、二〇一七年）等を参照すれば、すべて防げた（誤った記載をせずに済んだ）はずである。既出『宇喜多直家・秀家』に関しては、和暦と西暦年との不一致（註記の誤り）が二十五ヶ所以上存在するなど（改めて数え直すと三十ヶ所以上）、歴史書・一般書としては致命的といえる杜撰さが目立つと、筆者はかつて拙稿「備前宇喜多氏をめぐって」（拙編『備前宇喜多氏』岩田書院、二〇一二年）で厳しく指摘し、警鐘を鳴らしたが、既述の通り、校正レベルの初歩的な誤記すら訂正されなかった事実は誠に遺憾という他ない。渡邊氏による『宇喜多直家・秀家』・『流罪の日本史』には（典拠史料の翻刻こそないが）慶応四年の送品への言及等、評価できる点も皆無ではないが、叙述全体を見渡すと、先行研究や各種史料の杜撰かつ安易な取り扱いや、読者への不誠実さばかりが目立つ。八丈島宇喜多一類に関し、明らかに誤った理解がこれ以上広まらぬためにも、問題点の一端をここに明記し、共有しておきたい。

（9）加越能文庫所蔵。本史料は前掲註（1）拙稿「八丈島の浮田小平次」・同「没落後の宇喜多氏について」でも紹介・検討した。

（10）東京都公文書館所蔵、近藤富蔵『八丈実記』二一。活字本は『八丈実記』四（緑地社、一九七一年）を参照。

（11）加越能文庫所蔵。

（12）加越能文庫所蔵。延宝五年（一六七七）正月から元禄五年（一六九二）十二月に至る自筆本二十七冊が現存。本日記からの引用記事は、いずれも日置謙編『加賀藩史料』四（前田家編輯部、一九三一年）、同五（前田家編輯部、一九三二年）に翻刻済であるが、ここでは原本に拠って対校し、語句等を改めた。

（13）藤島秀隆「豪姫伝承の謎―加賀藩の記録とその伝承―」（同『愛と哀しみの万華鏡　加賀藩の伝承文芸』北国新聞社、二〇〇九年所収。初出二〇〇四年）。

（14）加越能文庫所蔵。

（15）大西著書③所収。初出二〇一二年。

（16）加越能文庫所蔵。前掲註（12）『加賀藩史料』五、二七四頁。

（17）加越能文庫所蔵。貞享三年（一六八六）十一月から元禄十五年（一七〇二）に至る六十五冊（前田家編輯方による写本）が現存。本史料については、池田仁子氏のご教示を得た。なお、前掲註（12）『加賀藩史料』五、五五二～五五三頁に翻刻されている元禄十四年十月一日条以外は新出史料である。

(18) 小田吉之丈(若林喜三郎校訂・解説)『加賀藩農政史考』(国書刊行会、一九七七年。初版一九二九年)四三三～四三四頁等。

(19) 加越能文庫所蔵。元禄十三年(一七〇〇)から翌年に至る藩主らの贈答関係の留書。

(20) 前掲註(12)『加賀藩史料』五、六四六頁。

(21) 加越能文庫所蔵。享保元年(一七一六)七月から同二十年十二月に至る自筆本百九十四冊が現存。他に史料名『若年寄方諸事控』として同人自筆の留帳が二十四冊現存(享保十一年正月から同十四年十月に至る)。

(22) 加越能文庫所蔵。

(23) 加越能文庫所蔵。全六十二冊。編者不明。同名の六冊本(加賀藩士青地礼幹編)との関係等は不明。

(24) 前田土佐守家資料館所蔵。

(25) 本事例は、拙稿「加賀藩前田家による八丈島見継について―享保七年の事例―」(『宇喜多家史談会会報』六〇、二〇一六年)での検討に基づく。一部見解を改めた箇所がある。

(26) 前掲註(10)『八丈実記』五。活字本は『八丈実記』二(緑地社、一九六九年)を参照。

(27) 前掲註(10)『八丈実記』十一。活字本は前掲註(26)『八丈実記』二を参照。

(28) 以下の一段落は、小稿を本書に再録するに際して追記した。ここでの指摘は大西著書⑤一〇〇～一〇一頁での叙述に基づく。

(29) 以下の一文は、小稿を本書に再録するに際して追記した。ここでの指摘は大西著書⑤九九頁での叙述に基づく。

(30) 加越能文庫所蔵。

(31) 加越能文庫所蔵『御留守居詰御用留』。本史料に関しては第二章を参照。

(32) 石川県立図書館森田文庫所蔵。本史料については第二章を参照。

第二章　八丈島支援の諸相

一、はじめに

加賀藩前田家による八丈島宇喜多一類への送品慣例は、第一章[1]において検討した通り、前田綱紀施政期に形成され定着した。幕府へ届出のうえ八丈島代官を介して隔年の物資援助を行う。さらに宇喜多一類の願出があった場合に限り、これも幕府の許可を得て白米を送る、という慣例である。送品の手続きがほとんど機械的に江戸藩邸に詰める家老役を軸に、藩主在府時に処理されていた事実も第一章に指摘した通りである。私見では物資・白米の多寡が固定化するのもこの綱紀施政期である。

しかし、綱紀の隠居＝享保八年（一七二三）までを検討対象とした第一章では、史料不足等によって検討の及ばなかった問題もある。

そこで本章では、享保年間以降の事例から幾つかを択び、①送付物資の員数や送付時の手続き・梱包、②隔年送品中止の可能性有無、③藩主在国時の対応、④白米送付の特殊事例、以上の四点について、新出史料の紹介も兼ねて個別具体的に検討を加えてみたい。

なお、第一章に続いて参考までに代々「宇喜多」を称し、「孫九郎」ないし「孫助」を名乗った（三代太郎助を除く）八丈島宇喜多惣領家、秀家を初代として五代孫九郎（秀保）以降の当主を予め整理しておく。加賀藩関連史料に現れることはないが、彼らの諱も『八丈実記』から付記する。

・五代：**宇喜多孫九郎（秀保）**……四代孫九郎（秀親）の子。初め「孫助」。寛保三年（一七四三）二月三日没（享年三十八。『八丈島一件』等）。

・六代：**宇喜多孫助（秀徳）**……五代孫九郎（秀保）の子。明和五年（一七六八）六月二十九日没（享年二十七。『八丈島一件』・『八丈実記』等）。

・七代：**宇喜多孫九郎（秀道）**……六代孫助（秀徳）の姉「おゆわ」の子。六代孫助の養子。生没年未詳（『八丈島一件』・『八丈実記』）。

・八代：**宇喜多孫九郎（秀美）**……七代孫九郎（秀道）の実弟。七代孫九郎の養子。文政十三年（一八三〇）四月に隠居。天保十一年（一八四〇）十一月六日没（享年七十九。『八丈実記』）。

・九代：**宇喜多孫助（秀邑）**……八代孫九郎（秀美）の子。天保十五年（一八四四）六月二日没（享年五十。『八丈実記』）。

・十代：**宇喜多孫九郎（秀種）**……初め「倉三郎」。浮田半六の子。九代孫助（秀邑）の養子。のち惣領家を「退去」し、実家を相続。生没年未詳（『八丈実記』）。

・十一代：**宇喜多孫九郎（秀監）**……初め「作蔵」。九代孫助（秀邑）の実弟。文政十二年（一八二九）生まれ。没年未詳（『八丈実記』）。

・十二代：**宇喜多孫九郎（秀萃）**……十一代孫九郎（秀監）の子カ。明治二年（一八六九）赦免時の当主。翌年東京へ移住。

二、送付物資について―享保十三年の事例―

ここでは送付物資の員数や送付時の梱包・手続きを取り上げる。享保十三年（一七二八）の事例を、【史料1】『加藩十二冊定書』五[2]（内題は「御定書　会所坤」）を軸に検討したい。【史料1】『加藩十二冊定書』は加賀藩士村井長世（一七七六～一八二七。加賀藩年寄役村井家の八代当主）が、同じく加賀藩士恒川福武（七兵衛。諱は寿年とも。当時聞番）蔵本を文化二年（一八〇五）十月（「猛冬」）に借り受けて手写したもので、「八丈島宇喜多殿一類江被遣物覚」として享保十三年のほか、元文四年（一七三九）・寛延元年（一七四八）の事例が摘記してある。転写のためか人名等に誤記もあるが、荷物の内容や、それが聞番の井上一慎（吉郎左衛門）から「八丈島御代官」山田邦政（治右衛門）方へ託された点など、特段の不自然さはなく信頼すべき史料と判断できよう。加賀藩の法令を書き留めた数多の史料中、八丈島に言及するものは管見の限り【史料1】が唯一であるが、その出所が、八丈島送品の実務に関係の深い聞番を務めた恒川であった点もまた、【史料1】の信憑性を担保するやに思われる。

【史料1】『加藩十二冊定書』五（部分）

八丈島宇喜多殿一類江被遣物覚

一、百五拾八切　壱歩

一、拾三端　染物絹表

内、壱端花色小紋五所紋、七反花色無地五所紋、五反女中向伊達模様
一、拾三端　同裏絹浅黄染
一、弐拾壱　染かたひら
内、壱つ花色小紋五所紋、八つ花色無地五所紋、六つ女中向伊達染、六つ明石染
一、十七端　染木綿表
内、十壱男向、六端女向
一、十七端　裏浅黄木綿
一、十七筋　上帯
内、十一筋男帯地織、六筋女中向さあや
一、弐拾壱筋　布三尺染手拭
内、十三筋男向、八筋女中向
一、弐拾端　染木綿
内、十端小紋染、十端浅黄染
一、拾疋　白中木綿
一、弐拾把　中綿
内、十把羽綿、十把摘綿
一、弐十一筋　染たくり
一、拾本　扇子

内、五本男向、五本女向

一、六本　小刀

一、弐挺　小刺

一、弐挺　はさみ

一、六百目　撰糸

一、六百目　白苧

一、六斤　煎茶

一、三十束　下中折

一、三挺　墨

一、十対　筆

一、三香合　牛王円

一、三包　西大寺

一、三包　虫くすり

一、三包　腹留薬

〆弐拾六口

右、申ノ(享保十三年)三月十一日、八丈島御代官山田治右衛門(邦政)殿へ聞番井上吉郎左衛門(一慎)、右品々為持罷越候、葛籠二つ入為持参、治右衛門殿ニ而二箇ニ認候、指札も指遣之、会所小遣両人召連罷越認候由、此認料左之通、

一、壱貫弐百目　中白苧

一、　りうきう（琉球）御座（茣蓙）

一、　大唐油紙

一、　大渋紙

一、三拾抱　中青小縄

一、弐つ　大葛籠

右、品々御代官請取切手ハ聞番見届、此方ニ請取、棟取へ渡置也、

右、入用申箱上書御祐筆中調、御用人見分、上書左之通、

浮田（孫）源助様

同　中（忠）平様　　奥村伊予守（有輝）

同　半平様　　横山大和守（貴林）

同　次郎吉様　　本多安房守（政昌）

同　小平次様

八丈島江被遣候御米さし札

表ニ

浮田殿一類中へ被指遣候、

米七拾俵之内、

裏ニ

白米四斗入

同荷物二荷之さし札、但大札弐枚、
表ニ
浮田殿一類中江
裏ニ
二箇之内
御代官并下裁許江被下候品、聞番持参、同日相済候事、

煩瑣を顧みず享保十三年の事例を伝える全文を抜き書きした。金子および衣類のほか各種の物品に白米が添えられたことが読み取られる。

白米はこの前年の送付依頼を受けての送品であった。家老役中川長定（式部）の記録（『中川長定覚書』[3]享保十二年十一月五日条）によれば、享保十二年八月付の白米送付願が、同年十月二十四日に江戸藩邸、十一月五日に加賀国金沢在の藩主前田吉徳（一六九〇～一七四五）のもとに届いている。

では、【史料1】の情報を、卑見を交えて整理する。

まず冒頭の金子（「壱分」金）から腹留薬までの品々は、八丈島への送付物資の総量と見ていい。現存する享保二年（『浮田家一件』）・同五年（『参議公年表』）・元文元年（『前田貞直筆記』）の送付実績[4]と比べても、多少の出入りはあるが基本的に同等の員数である。

ただし、享保～元文年間の加賀藩は、金子および各種の物資を他の時期よりも余分に送っていた。十八世紀初頭から幕末に至るまで白米は四斗入七十俵（二十八石）が宇喜多一類にまとめて送られ、その配分は現

地次第であったが、金子や物資はそうではない。荷物は宇喜多一類の各家、すなわち宇喜多惣領家および浮田名字の六つの分家（宇喜多秀家の嫡男孫九郎秀隆子孫の傍流一家と秀家末子小平次子孫の五家）、そして加賀藩前田家の旧臣村田家（秀家の配流に随った村田助六の子孫。当主は代々基本的に助六を名乗る）の当主宛に発送される。ただ、享保～元文年間や延享三年（一七四六）、寛政四年（一七九二）には、この八家の当主に加え、父親を亡くすなど各家の扶養対象から外れたと思しき女性らにも加賀藩は支援を行っていた。享保二年の事例によれば、その特例対象は「浮田故藤松娘れん」・「浮田半助娘くす」・「浮田故四郎娘なか」・「浮田先々藤松娘」・「浮田先々藤松娘とめ」の各人（『浮田家一件』）、後述する延享三年の事例では、実父を亡くした惣領家の娘である。

送付物資の内容や分量の筆録は、享保～元文年間の四例以外では、管見の限り、わずか四例しか確認できない。寛政四年（一七九二。大田南畝『一話一言』）および同八年（『八丈島一件』）、天保八年（松浦静山『甲子夜話』）、そして安政五年（一八五八。『横山氏記録』）がその残り四例[5]である。

比較対象としては貧弱であるが、以上の情報を比較考量すると、宇喜多惣領家を始め、浮田六分家・村田家宛への送付品目・分量には、既定の員数があったらしく、【表1】の通り整理が可能である。しかし、送付物資の総量を比べると、たとえば、寛政八年以降の四例は総じて享保～元文年間のそれの五～六割方に過ぎない。

その理由は、【表1】以外の送付物資、つまり既述「浮田故藤松娘れん」らへの特別支援に存した。【史料1】を含む十八世紀には、かかる特例によって少なくとも寛政八年以降に比べて手厚い支援が行われていたのである。

次いで【史料1】独自の情報＝荷物の梱包について。種々の荷物は「大葛籠」二つに収められ、以下推測であるが、この「大葛籠」は、丈夫な「りうきう御座」（琉球表、七島藺）や「大唐油紙」・「大渋紙」で包み、「中白苧」・「中青小縄」によって結わえたと見られる。荷物が葛籠二つに詰め込まれた点は元文元年の事例（ただし、便船遭難

【表1】送品物資の内容

品目(単位)／家名	金一歩(切)	絹染物(疋)	染帷子(つ)	木綿(端) 表染木綿	裏浅黄木綿	木綿	上帯(端)	三尺染手拭(筋)	布染たぐり(筋)	中折紙(束)	扇子(本)
宇喜多孫九郎家(惣領家)	24	2	5	3	3	10	3	5	5	5	5
浮田忠平家	15	1	2	2	2	—	2	2	2	3	—
浮田半平家	15	1	2	2	2	—	2	2	2	3	—
浮田次郎吉家	10	1	1	1	1	—	1	1	1	2	—
浮田小平次家	10	1	1	1	1	—	1	1	1	2	—
浮田半六家	10	1	1	1	1	—	1	1	1	2	—
浮田半七家	10	1	1	1	1	—	1	1	1	2	—
村田助六家	10	—	—	20	—	—	—	—	—	—	—
合計	104	8	13	31	11	10	11	13	13	19	5

品目(単位)／家名	剃刀・小刀・はさみ(本)	牛黄円(香合)	西大寺(包)	虫薬(包)	腹留薬(包)	すが糸(目)	綿(把)	筆(対)	墨(挺)	苧(目)	煎茶(斤)
宇喜多孫九郎家(惣領家)	5	1	1	1	1	300	10	10	3	300	3
浮田忠平家	—	—	—	—	—	—	—	—	—	—	—
浮田半平家	—	1	1	1	1	—	—	—	—	—	—
浮田次郎吉家	—	—	—	—	—	—	—	—	—	—	—
浮田小平次家	—	—	—	—	—	—	—	—	—	—	—
浮田半六家	—	—	—	—	—	—	—	—	—	—	—
浮田半七家	—	—	—	—	—	—	—	—	—	—	—
村田助六家	—	—	—	—	—	—	—	—	—	—	—
合計	5	2	2	2	2	300	10	10	3	300	3

※寛政4年(1792)、同8年、天保8年(1837)、安政5年(1858)の各事例から作成。品目名・単位は史料により若干の相違があるが便宜上統一した。
※家名は当主名から採ったが、時期によって当主名には若干の相違がある(たとえば宇喜多惣領家の当主は孫九郎ないし孫助を名乗る)。
※享保2年(1717)の事例は、浮田忌平家に表染木綿・布染たぐりの送付が欠ける以外、他の内容は上記の表と一致する。

のため不着）にも言及されるが、梱包やその資材の委細は【史料1】以外には見出せない。

また、祐筆によって宛名書き等がなされた「入用申箱」は、葛籠とは別に用意されたもので、さきの元文元年の事例[6]を踏まえれば、添状（送品目録および白米送付状）と金子を入れた鍵つきの木箱であったと推測できる。

【史料1】は恐らく転写の過程で「浮田源助」（正しくは孫助ないし孫九郎）・「同　中平」（正しくは忠平）といった誤りも犯している。前年到着の白米送付願（宇喜多孫九郎・浮田忠平・同半平・同次郎吉・同小平次・同半六・村田助六の連署状。既出『中川長定覚書』享保十二年十一月五日条）に照らせば、惣領は「宇喜多孫九郎」とすべきであるし、宛名書に分家を一つ（浮田半六家）落としている点も気にかかる。こうした不審な箇所もあるが、かかる箱の仕様への言及も【史料1】の特色である。

続いて【史料1】の特筆すべき点として、葛籠および米俵に付された「指札」の記載内容を挙げたい。米俵の「指札」については【史料1】とほぼ同様の内容が、元禄十三年（一七〇〇）の事例[7]から確認できるが、荷物に付された「指札」表裏双方の情報は、筆者の知る限り【史料1】以外には言及がない。

最後に【史料1】の事例が、藩主前田吉徳在国中である点を指摘しておく。前年四月以来、吉徳は国許＝加賀国金沢城にいる。その事実は【史料1】の箱書きからも推断できるが、詳しくは後述する。ここでは箱に記された奥村有輝（伊予守）・横山貴林（大和守）・本多政昌（安房守）の三名が、いずれも在府の家老役ではない（年寄役）ことのみを覚えておかれたい。

【史料1】から判明する新たな知見や注意点は以上の通りである。さらに、これが『加藩十二冊定書』という法令集の（江戸）会所の部に含まれる点に着目すれば、記載内容が定書同様の普遍的な内容を持っていた可能性を指摘できよう。すなわち【史料1】は、八丈島への隔年送品において参照すべき先例として書き残されたのであって、この推測があたっていれば、【史料1】の信憑性をさらに高めるであろう。

さて、【史料1】の品々と白米はほどなく八丈島に送られたらしいが、【史料2】同年（享保十三年）の夏、その便船と入れ違いに八丈島発の「島船」が例によって宇喜多一類の白米送付願を寄越してきた。八丈島は近年にない「大飢饉」で、宇喜多一類は日々強風のなか野山で山菜を採って糊口を凌ぐほど、生活に困窮しているという。五月二十五日、代官山田邦政はこれを江戸藩邸の聞番中村正明（助右衛門）・半田正往（権左衛門）宛に報じた。引き続き藩主前田吉徳は金沢城にあったから、宇喜多一類と代官の書面は、江戸留守居役奥村自邇（織部）および御用人里見（元安）・湯原（成門）の六月一日付連署状を添えて国許へ廻送された。新出史料であるから参考のため【史料2】全体を翻刻しておく。

【史料2】『中川長定覚書』享保十三年六月十一日条（部分）

江戸状

一、八丈島浮田御一類中ゟ御助米願書付并添状共、今般江戸着之島船ニ到来仕候旨に而、去月廿五日御代官山田治右衛門（邦政）殿ゟ被差越候ニ付、右書付等二通、治右衛門殿手代共上之申候、以上、六月朔日、十三人様　奥村織部（自邇）　里見（元安）　湯原（成門）

●以手紙致啓上候、最早段々暑気能成候処、各様弥御堅固可被成御勤珍重之御事奉存候、然者八丈島宇喜多中より今度江戸着之島舟便ニ願書被指越ニ付、為持進上之仕候、当春品々御助米も被指遣候処、此舟便ハ右被遣候御助成米着船以前ニ島出船仕ニ付、宇喜多中ゟも又々願書被指越候儀ニ奉存候、右為可得御意如此御座候、以上、五月廿五日　中村助右衛門（正明）様・半田権左衛門（正往）様・井上吉郎左衛門様　山田治右衛門

●幸便御座候ニ付一筆啓上仕候、先以其御表中将様（前田吉徳）益御機嫌能可被為成御座、恐悦至極奉存候、次各様弥御勇健可被成御勤仕目出度奉存候、然者去未（享保十二年）八月以書付御願之上候通、当島之儀累年無御座飢饉ニ而一類共存命難仕、至極難儀仕ニ付、此度別紙願書指上之候、先達而御願指上之上、如何敷奉存候得共、此節之困窮難凌奉存ニ付、乍憚奉願候、此段御序之刻中将様御前可然様、御執成被仰上可被下様奉願候、以上、申（享保十三年）二月十四日　御用人衆中様　宇喜多孫九郎・浮田忠平・浮田半平・浮田次郎吉・浮田小平次・浮田半六・村田助六各印

乍恐以書付奉願候事

去未（享保十二年）八月以書付御願申上候通、当島之儀、累年無御座大飢饉ニ而一類共儀、去年内ゟ助成難仕至極難儀仕候処、去春漂着仕候御助成米（カ）、当島江被為下置候ニ付、拙者共江も百姓中ゟ願配分、此御願を以渡世仕候得共、当春ニ罷成助成不相叶、日々風多ニも無暇、野山を穿、葛・蕨等ヲ堀、朝夕経営、漸ト助命仕候、因茲去年御願指上置候上、又候御願申上候段、如何敷奉存候得共、此節之艱難相凌候儀難仕御座候間、此段御序之砌、中将様御前御執成被仰上、御合力米被為下置、一類共御救被成下候様奉願候、以上、享保十三年申二月　松平加賀守様（前田吉徳）御用人衆中様　宇喜多孫九郎初七人印

三、送付決定について―延享三年の事例―

慣例化した八丈島への送品は、原則として加賀藩や幕府の都合如何によらず実行されたらしい。筆者の確認した限り、加賀藩の送付申請に対し、幕府が何等かの注文を加えたり、差し止めたりする事例は見出せない。加賀藩も特段の支障がなければ、隔年送品および連年繰り返される白米送付願にも事務的に応じている。たとえば、加賀藩領は元

禄八年（一六九五）、「元禄期最大の凶作」に襲われ、その影響は翌年にも及んだが、[8] 第一章に指摘した通り、支援はこの年にも行われた。金沢城が大火に見舞われた文化五年（一八〇八）にも白米を送っているし（『御家老方諸事覚書』・『八丈実記』）[9]、第三章で確認するが、幕府崩壊後の慶応四年（一八六八）には新政府に願い出て、国許の「手艦」を廻送させてまで品々と白米を届けたらしい。

とはいえ、加賀藩の対応が必ずしも機械的でなかった徴証もある。延享三年（一七四六）の事例である。これを【史料3～4】新出史料『表方留』[10]から紹介したい。この政務日記の筆録者は当時江戸藩邸にあった家老役前田貞幹（外記。一七二一～四九）に比定できる。前節に登場した前田吉徳はすでに亡く、藩主はその子宗辰（一七二五～四六）に引き継がれていた。【史料3～4】当時、宗辰は在府中である。以下、史料を掲げてその意訳を行い、適宜検討を加えたい。

【史料3】『表方留』延享三年五月九日条（部分）

一、宇喜多御一類中ゟ之紙面一通、御合力米願書同一通、出生御注進書付一通、斎藤喜八郎《（喜六郎直房）》殿手代高木金五郎等手紙一通、一箱ニ入聞番出之、右伊右衛門《（青木与基）》江渡、うき田殿御願之趣ハ御用人遂僉議相伺候様可申渡旨申上候処、以同人被返下、御香てん《（奠）》御断之紙面ハ伺之通にて《（カ）》被仰出候ニ付、右両様とも御用人江渡、浮田殿之儀ハ御倹約之御時節ニ候間、猶更遂僉議相伺候様申渡候事、

五月九日、江戸藩邸に宇喜多一類の「紙面」・「御合力米願書」・「出生御注進書付」各一通、代官斎藤直房（喜六郎）の手代高木金五郎らの添状一通のあわせて四通（「一箱」入り）が届き、聞番青木与基（伊右衛門）によって（藩主

宗辰に）披露された[11]。前田貞幹が「うき田殿御願之趣」は（ここで決裁するのではなく）詮議を経たうえで上申するよう指示すべき、と言上したところ、宗辰の意向が示された。「御香てん（奠）御断之紙面」は裁可されたので、宇喜多一類の願書（「御合力米願書」）とあわせて二通（「両様」）を御用人へ渡し、「浮田殿之儀」は「御倹約之御時節」だから、なお検討を加えて（藩主宗辰に）伺い出るよう指示した。

適宜意訳したが、それでも意味の取りづらい箇所が多い。推定を交えて整理すれば、この時点で藩主宗辰には「浮田殿之儀」、恐らく宇喜多一類への送品については正式に伺いが立てられていない。宇喜多一類の「御香てん（奠）御断之紙面」のみ藩主の裁可が下りたようだが、これは恐らく前年（延享二年）の六月十二日、金沢城にて病没した前藩主前田吉徳に関する書面であろうか。弔意を示すが香奠は捻出できぬ、との宇喜多一類の書面を藩主宗辰が受理した、とひとまず理解しておきたい。その他「出生御注進書付」は、新たに生まれた者を書き出した宇喜多一類の増減報告であって、裁可を仰ぐような書面ではないため、そのまま受理されたと思われる。

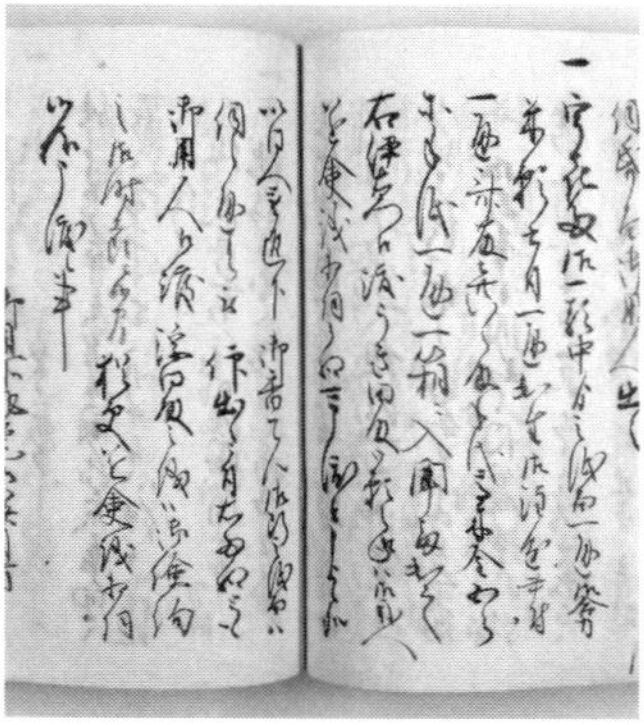
『表方留』延享3年5月9日条
（金沢市立玉川図書館近世史料館所蔵）

また、「御倹約之御時節」というのは、同年三月、藩主宗辰が財政窮乏のため五ヶ年の倹約を厳命[12]したことを踏まえていよう。すなわち、宇喜多一類への送品は検討の余地ありと見なされたのである。八丈島への送品が必ずしも事務的・機械的に行われた訳でないことを裏付ける一傍証である。

【史料4】『表方留』延享三年五月十三日条（部分）

一、八丈島宇喜多御一類中へ隔年ニ被遣候品々、今年被遣候年ニ付、御用番へ届之上、彼島御代官斎藤喜六郎（直房）殿被頼、便船之節可遣趣ニ付、其

内おゆわ殿之事、御本家之御息女ニ候故、御合力可有御座儀と奉存候、併去々年も御聞届不被遊御事故、■度茂願ニ被任かたき段申遣候而も其分ニも可有御座候哉、被仰出次第と相心得趣ハ、委細ニ紙面、五月十三日御夜詰杢左衛門（馬場伊信）へ渡上之候処、翌十四日以同人被返下、おゆわ殿へも可遣儀と被思召候間之趣相心得、被遣物僉義可致候、且又前々御合力被遣候品々書記、可指上旨被仰出候付御用人へ申談ス、

次いで五月十三日。恐らく詮議の結果、八丈島への送品を慣例通り行うことに決したらしい。ただ、この日の問題は「おゆわ殿」への送品（「御合力」）であった。

「おゆわ殿」とは何者か。元文四年（一七三九）五月二十五日、代官斎藤直房を通じて加賀藩に届いた「宇喜多一類共人数之覚」（『八丈島一件』）[13]の冒頭を参照する。

【史料5】「宇喜多一類共人数之覚」（『八丈島一件』。部分）

宇喜多中納言秀家嫡子宇喜多孫九郎秀高（隆）ゟ四代

宇喜多孫九郎　未三十四歳

娘　ゆわ　未三歳

つまり「おゆわ殿」は、【史料4】『表方留』が「御本家之御息女」と記すように、宇喜多一類の惣領宇喜多孫九郎

（惣領家五代）の息女である。前節にも登場したこの孫九郎は寛保三年（一七四三）二月三日に病没、跡職は遺児孫助（ゆわの弟。当時二歳。惣領家六代）が継いだが（『八丈島一件』）、孫九郎の死去等を報告する際に、宇喜多一類は次のような願書を呈した。

【史料6】寛保三年閏四月付浮田忠平他連署状写（『八丈島一件』）

奉願候覚

一、宇喜多孫九郎致病死、幼稚之子共両人御座候処、孫助義ハ前々之通、御合力頂戴仕候、御影を以成長可仕候、娘ゆわ儀ハ女之儀、幼少ニ而孤ニ罷成、往々別而不便ニ奉存候、依之恐多キ御儀奉存候得とも、孫助同様御合力被下置候様ニ仕度奉存候、此段御聞済被遊、御慈悲を以願之通被仰付被下置候者、一同難有可奉存候、右之趣御序之刻、御前可然様御執成可被下候、偏ニ奉願上候、以上、

寛保三年亥閏四月

浮田　半六印
浮田小平次印
浮田次郎吉印
浮田　半平印
浮田　忠平印

加賀宰相様御内
横山大和守（貴林）様
本多安房守（政昌）様

つまり孤児となったゆわへも孫助同様の扶助を願い出た。殊更にかかる書面が作成された点から、「御本家之御息女」であっても惣領孫助とは別家の扱いになったものか、ゆわが扶助の対象から外れると当時の宇喜多一類（および加賀藩）が認識していたことが指摘できる。前節で考えたように、加賀藩からの扶助は原則各家の当主宛てに行われたが、男親に死別したと思しき女子には特例として支援があった。【史料6】はこの特例の申請書面なのである。

ゆわへの扶助願いはしかし却下された。問題の【史料4】『表方留』に戻ると、「去々年も御聞届不被遊御事故」との文言が見出せる。「去々年」はゆわの父が没した寛保三年の翌年＝延享元年にあたる。その年も白米が送付されたが（『八丈実記』）、ゆわには扶助の割り当てがなかった、という理解で差し支えない。

そこで宇喜多一類が再度、ゆわへの扶助を求めた事実を【史料4】『表方留』は語っている。五月十三日に「御夜詰」の馬場伊信（杢左衛門。当時「大小将」）を通じて上申したところ、翌十四日、藩主宗辰はゆわへの送品を許可し、品々の目録を前例通りに作成するよう指示があった。ゆわは延享三年の時点で十歳。

以上の検討から、八丈島への送品自体は事務的に処理されるが、内容にはこうした若干の調整が折々あった可能性が指摘できよう。

【史料7】『表方留』延享三年五月十六日条（部分）

一、浮田御一類中へ被遣物之儀ニ付伺紙面等五通御用人出之、
右杢左衛門《（馬場伊信）》御渡上之候処、以同人被返下候付、御用人へ渡之、
但右被遣物写候而指上可申旨ニ付、其儀も申渡候事、

【史料7】五月十六日、送品目録等の書面五通が調った。文面から推して御用人による調製である。これを馬場伊信から藩主宗辰に上申、裁可を得たので書面を御用人に戻した。また、御用人へは送品目録の写しを別途藩主に提出するよう指示を下したとのことである。

恐らくこのあと聞番を通じて月番老中に届出を行い、承認を得た上で八丈島代官へ連絡、品々と白米を用意し、便船の出帆を待つ、という段取りになる。しかし『表方留』はこの五月迄しか残存しないため、遺憾ながら以後の詳細な経過は追えない。わずかに【史料8】『八丈実記』の断片的記録によって、江戸の家老役前田貞幹・西尾克明（隼人）が連署した書面を添えて、品々と白米とが送付された事実を瞥見できるのみである。

【史料8】近藤富蔵『八丈実記』二一（部分）

「明治《（頭註）》二失」延享三丙寅年
　加州家　西尾隼人《（克明）》・前田外記《（貞幹）》
　宇喜多　孫助・忠平・半平・小平次・次郎吉・半六・半七

以上の検討から、慣例化された八丈島への送品にも、藩の財政状況如何でその実行には詮議の余地があったこと、そして送品内容にも往々調整が加えられ、多寡に出入りのあったことが指摘できる。送品目録の調整等に御用人の関与[14]があった点もまた本事例から確認できた。

このうち、詮議の余地という点では、天保六年（一八三五）七月に好事例がある。新出【史料9】の通り、このとき届いた白米送付願は、「御領国凶作」のため却下され、同年の送付は見送られている（翌年「御荷物」と一緒に送ることに決定）。

【史料9】『毎日帳書抜』[15]（部分）

天保六年七月廿六日　　毎

一、八丈島ゟ御合力米願申来候得共、御領国凶作ニ付今年不被遣、来年御荷物と一所ニ可被遣旨、伺之通、

なお、「おゆわ」はのち寛政五年（一七九三）まで存命した（享年五十七）。その死去に言及する寛政八年二月二十八日付長連起・本多政行連署状（『八丈島一件』）では、彼女を「孫九郎殿御母義」と表現する。「おゆわ」の弟孫助が恐らく嗣子なくして没したため、彼女の息子が惣領家七代孫九郎に収まったのである。

四、藩主在国中の送品 ―宝暦八年の事例―

ここでは新出【史料10～11】『御留守居詰御用留』から、藩主在国時の送品手続きについて検討したい。宝暦八年（一七五八）四月の事例である。

当時の加賀藩主は前田重教（一七四一～八六）。早世した宗辰と同じく吉徳の子で、宗辰の異母弟にあたる。【史料10～11】『御留守居詰御用留』[16]の筆記者は記載内容から推して江戸留守居役の前田孝情（内蔵助。一七二八～六一）であろう。江戸藩邸にあった孝情は、国許の御用人磯松正弼（三郎左衛門）から送られた八丈島送品に関する書面を

「宇喜多殿一巻」として、四月十三日条に留め書きした。長文になるが、手続きの詳細を知り得る無二の史料であるから、まずは原文をそのまま翻刻・紹介したい。

【史料10】『御留守居詰御用留』宝暦八年四月十三日条（部分）

〇浮田御一家被遣物之義、遠江守殿（本多政行）・駿河守殿（前田孝昌）ゟ被渡候ニ付、左之通磯松ゟ申来、

八丈島浮田御一家之衆江、隔年ニ被遣候品々、并彼島近年不作ニ付、御助成米之儀被願候間、前々之通御用番江御届之上、山本平八郎（親行）殿江被頼可被遣候段、御年寄衆ゟ御伺候処、可被遣旨被仰出候、依之御用番江被差出米之御覚書も入御覧指越候間、便船之義、御代官衆江御聞■（合カ）、宜時分御用番江右両通聞番持参相伺候様可被仰談候、則可申述趣、且平八郎殿江之御口上書も入御覧指進候、

一、御用番御指図之上、品々前々之通御見届聞番持参可被仰談候、島江被遣候御年寄衆ゟ之目録一通、并米添紙面一通差越之申候、

一、右紙面并御用番江之御書立も、時節難斗ニ付、月付無之候間、其許ニて可被仰談候、島江之紙面ハ尤木地之箱ニ入申筈ニ候、且又御用番江之御覚書ニ者、月付迄ニ而日付者無之筈ニ候、

一、右被遣候ニ付、手代并船頭江被下物、別紙ニ申達候、船頭御用船ニ候得者白銀二枚、御雇舟ニ候得者一枚被下筈ニ候、則両様相伺申達候、

一、島江之被遣物事済候已後、平八郎殿江も八講布被遣筈ニて、宜時分御使者可被仰談候、以上、

四月八日　磯松三郎左衛門（正弼）判

前田等三人様

猶以島江被遣候目録等エハ月日付於其表可被仰談候、以上、

△浮田御一家江被遣候御目録之写壱通、

△御伺書一通、

覚

一、七拾俵　白米　但四斗入

右、於八丈島従浮田一類共合力米之儀申越候ニ付、前々遣来候通、彼島御代官山本平八郎殿頼差遣申度存候、以上、

月　日　御名

右、聞番御用番江致持参候筈御使書調来り候、若役人相尋候ハヽ、先代ゟ隔年ニ遣来候助成米之儀も、前々ゟ申来候得者遣申候由可申述候旨申来候事、

山本平八郎殿へ之御口上書一通聞番相勤候筈、則浮田殿へ被遣候品々持参之筈、手代江八講布五疋宛、包のし御目六（録）、但手代三人之船頭之義ハ、白銀一枚か二枚ノ内、前段ニ委曲アリ、

△浮田殿へ被遣候目録奉書紙竪物、前田駿河守殿・本多遠江守殿判形ナリ、継目ハ駿河印形也、

△浮田殿御一類添紙面壱通左之通、

半切　覚

一、七拾俵　白米　但四斗入

右其島近年打続不作ニ而各困窮ニ付、助成米被差越候様被成度旨、去々年三月并去年四月之御紙面到来、則中将（前田重教）殿江相達、御代官山本平八郎殿江頼被申、此度之便船右之通被致伝附候条、夫々可有御配分候、以上、

月　前田駿河守判

本多遠江守判

宇喜多孫助様・浮田　忠平様

浮田　半平様・浮田治郎右衛門様

浮田　小平様・浮田　義助様

右、中折ニ懸《（カ）》包上書連名、

△八講布十疋、平八郎殿被遣候筈、是ハ右伝附御頼被成候上、御小将使ニて遣候筈、御使書来ル、

右宇喜多殿一巻終

江戸藩邸に送られてきたのは御用人磯松の書簡、および△印で示される紙面と八講布（加賀藩領＝越中国砺波郡特産の麻布）である。

△印は順に、①送品目録の写し（「浮田御一家江被遣候御目録之写壱通」）、②幕府に届け出る白米送付のための伺書（「御名」＝藩主署名の「御伺書一通」）、③送品目録（「浮田殿へ被遣候目録奉書紙竪物」）、④年寄役本多政行（遠江守）・前田孝昌（駿河守）連署の白米送付状（「浮田殿御一類添紙面壱通左之通」）、そして⑤送品後に八丈島代官山本親行（平八郎）に贈る礼物「八講布十疋」である。

①送品目録の写しは、恐らく②と同様に幕府へ届け出るための書面であろう。①・②を幕府へ提出し、③・④を現物に添えて八丈島へ送る、ということになる。①・③の目録は内容が略されているが、宇喜多孫助（前節に見た「おゆわ」の弟。惣領家六代）以下への金子・布地等が恐らく列記してあって、その正文である③には料紙の継目に前田孝昌の印判が捺されていたという（「継目ハ駿河印形」）。

ちなみに、送品目録は長文にわたるため、【史料10】のごとき詳細な政務日記でも大抵の場合、省略されている。たとえば、宝暦七年八月に送品目録（裏面に宇喜多一類の受領を証する「連印」のあるもの）が返送されてきたが、筆記者がこれを「至而長き事故不写」と書き付けた如くにである。そのためか、送品目録の原本自体は現存せず、写本であっても管見の限り、近世を通じて五例しか確認できない[17]。

それでは【史料10】磯松の書簡から確認してゆく。磯松は年寄役本多政行・前田孝昌の指図をうけて、△印の①～⑤を在江戸の「前田等三人」に廻送してきた。書面の内容はこうである。

宇喜多一類への隔年送付の品々、およびハ丈島不作のため送付願のあった助成米を、従来通り月番老中（「御用番」）へ届け出のうえ、代官山本親行に頼んで送ることにつき、国許の年寄役から藩主重教に上申があって裁可された。月番老中への白米送付の伺書（「米之御覚書」）も同様に承認されたのであわせて送付する。八丈島への便船について代官山本に問い合わせ、適当な時期に月番老中へも隔年の品々・白米の送付伺書を聞番から届け出るように。その際の月番老中・代官山本への口上についても藩主に確認したので申し送る。

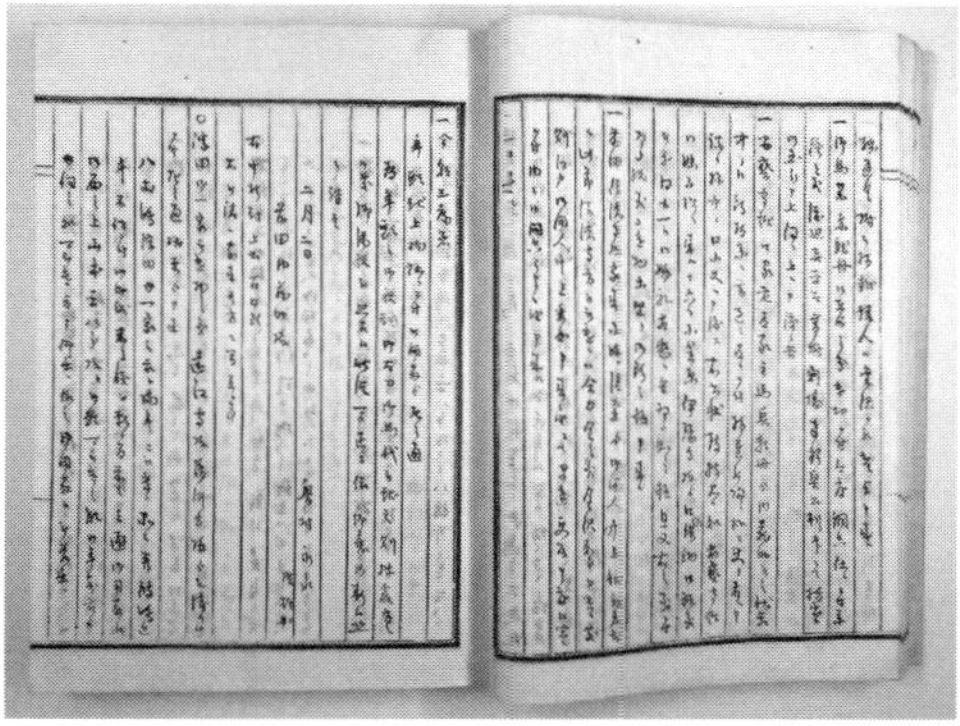
『御留守居詰御用留』4　宝暦8年4月13日条
（金沢市立玉川図書館近世史料館所蔵）

以下の一つ書きも順番に確認する。一条目は送付書面＝③八丈島への年寄役連署の送品目録一通、および④白米送付のための紙面について。二条目は①～④の月日について。八丈島への送品時期が未定（「時節難斗」）のため、月日を空欄にした書面を送るので確定次第これを江戸にて書き入れるように、との指示である。また、③・④は「木地之箱」に入れて送付する、それから月番老中へ提出する①・②は通例「月付」のみで日付は記さない、という前例の教示が添えてある。猶書ではまた、八丈島への書面＝③・④の月日は、江戸にて書き込むように、と指示は委曲を尽くしている。三条目は手代や船頭への謝礼について。委細は「別紙」（現存せず）参照だが、「船頭御用船」の場合は白銀二枚、「御雇舟」の場合は白銀一枚を渡すようにとのこと。四条目も同じく謝礼関係。代官山本には八丈島送品の完了後、⑤時期を見計らって八講布を贈るように、とのことである。

【史料10】の内容は右の通りである。以降、月番老中への届出等が行われ、送付物資の調達が行われたようで、【史料11】『御留守居詰御用留』七月十九日条によれば、御用人林将房（源太左衛門）が各種の品々（「御葛籠物」）を江戸会所において見分している。

【史料11】『御留守居詰御用留』宝暦八年七月十九日条（部分）

一、宇喜多御一類方江被遣候御葛籠物御認等出来ニ付、林源太左衛門（将房）会所江出座今朝見分相済候事、

その後、八丈島への便船によって金子以下の品々と、宝暦六年三月および翌七年四月の二度にわたる白米送付願（「去々年三月并去年四月……」）に応えて、例のごとく白米四斗入七十俵が宇喜多一類に送付されたと考えられるが、残念ながら【史料11】以降の記録は残されていない。

以上、宝暦八年の送品事例を新出史料【史料10〜11】から確認した。これまで筆者が確認した事例は基本的に藩主在府中のもので、江戸詰の家老役が藩主承認のもと送品を差配する、という内容であった。一方、ここでは藩主在国

中の事例を詳細に追ったが、他の事例に照らしてもさして特殊な箇所は見当たらず、この手続きは一般化・普遍化できそうである。

そこで藩主在府時との相違点を以下の通り整理したい。まず藩主の裁可を得て国許で関係書類（藩主署名の白米「御伺書」を除く）に加判するのが年寄役である点、次いで予定の立てづらい送付月日＝書類の月日付を空欄にして江戸へ送り、同地でこれを適宜書き加えて処理する点、そして書類が江戸に届いた時点で送品に関する全ての事項が藩主承認済という点である。

藩主在国時、国許で送品実務を担うのが年寄役である点は、たとえば、先に考えた享保十三年（一七二八）の事例からも垣間見られる。すなわち【史料1】八丈島へ送る「入用申箱」に記された三名が在府の家老役ではなく、在国の年寄役（奥村有輝・横山貴林・本多政昌）であった事実を思い出されたい。本事例の当時、藩主前田吉徳は在国中であった。

また、享保五年の記録からも年寄役の関与が証拠立てられる。すなわち【史料12】藩主（前田綱紀）在国のため、江戸藩邸の御用人を介して加賀国金沢へ廻送された八丈島関連の書簡は、国許の家老役中川長定から当月の御用番＝年寄役前田直堅（近江守）へ「不残」渡されている。

【史料12】『中川長定覚書』享保五年七月二十八日条（部分）

一、当十九日出之町飛脚今日到来、図書《（本多政冬）》ゟ覚王院御造作之一巻品之外ニ、宇喜多殿願等之書付・系図、并今般浮田殿へ被遣候御荷物、河原清兵衛《（正真）》殿役人江、聞番相渡候趣之聞番書付、先達而聞番湯原甚右衛門《（成門）》、井上河内守《（正岑）》殿罷越御届申入候趣等之儀、品々御用人ゟ差越候ニ付、

右、宇喜多殿一巻之紙面等、不残御用番近江守（前田直堅）廿九日ニ相渡候、

ただし、関係書類への加判については、年寄役＋在国の家老役という事例[18]も確認できる。この点を踏まえると、藩主在国中の送品手続きは年寄役が責任者として担当するが、（藩主在府時の担当である）家老役もこれに関与する場合があった、と考えられる。とはいえ、八丈島送品は藩主在府時の処理が基本である事実に鑑みれば、送品の職務責任は家老役に帰するというべきであろう。すなわち、宝暦八年の送品＝藩主在国時の特例として、年寄役が家老役の職務を「代行」したと考えるのが穏当と考える。

その他、本事例における江戸での事務手続きを見ると、月番老中や代官との接触が聞番に任せられている点など藩主在府中の送品事例と恐らく大差ない。唯一留意すべきは【史料10～11】の筆録者が江戸留守居役であった点である。そもそも江戸留守居役は常置の役職ではない。宝永五年（一七〇八）から享保十年の間、年寄役ないし家老役兼帯のため中絶、そして宝暦十一年以降も家老役兼帯のため中絶したという[19]。すなわち江戸留守居役は、年寄役・家老役の職務を一部分有する存在、また、その職務は年寄役・家老役の兼務もまた妨げない、ということが想定される。とすれば、【史料10～11】の如く、江戸留守居役が八丈島送品に関係したとしても別段不自然ではない。結論を急ぐべきではないが、以上から八丈島送品の責任者を、藩主在府時＝通常の場合、江戸藩邸の家老役（ないし江戸留守居役）、藩主在国時＝変則的な場合、国許の年寄役・家老役と考えて大過ないように思う。

さらに新たな知見として、月番老中への届出書類と、八丈島への送付書類とが明確に分けられている点を挙げておきたい。金子以下の品々は送品目録の写し、白米は送付許可願をそれぞれ月番老中に提出し、支障がなければ、送品目録・白米送付状を八丈島へ送るのである。なお、送付書類を「木地之箱」に入れる点は、既出元文元年

（一七三六）の事例にも見出せるが、この先例によれば、金子と送品目録（「金子并御目六」）が「錠前付小箱」に収めて発送されたという。以上の事柄は、藩主の在府・在国に関わらず、同様の対応が取られたものと考えていい。

五、年間二度の白米送付―寛政八年の事例―

加賀藩による八丈島支援の特殊事例として、ここでは年に二度白米が送られた寛政八年（一七九六）の経緯を検討する。第一章で指摘した通り、白米の送付は宇喜多一類の願出があった場合に限るが、八丈島との往来が、便船の有無と自然条件に左右される以上、その送付は必ずしも迅速にはいかない。基本的に次の隔年送品か、次の便船の機会を待って行われたのである。しかるに、ここで取り上げる年に限り、様々な偶然が重なって一年に二度白米が送られたのである（一度目は隔年送品の品々と同時送付）。

近世を通じて石高制の埒外「無高」（ただし、これは田畑の皆無を意味しない）[20]の孤島であった八丈島にとって、食糧不足は不断の懸案であったが、間歇的に発生した疫病の流行は、八丈島が「無医島」である事情と相俟ってこの問題をさらに深刻化させた。寛政八年に二度まで白米が送られたのは疫病、ここでは前年冬以来の疱瘡（天然痘）の流行による。

検討に先立って補足しておけば、先行研究は「医師抔も無御座候」（『八丈島浦手形』[21]）といった記録を手掛かりに、八丈島をまったくの「無医島」と見なしているが[22]、これは医師の乏しい事実の誇張表現と思われる。宇喜多秀家に随行した村田助六を「医師」と見たり（『宇喜多家旧記』）、浮田小平次（秀家の末子）が「医師」を生業としたとの伝承もあるから（「備忘録」）、「無医島」とはいえ、医療に覚えのある者が皆無であったとは即断できない。恐らくは医家や療養施設が恒常的に存在しなかった事実や、疱瘡の流行に対し、山中か海辺への逃避以外に抗すべき術を持たなかった点（『八丈志』上「若痘を病者あれハ山中又ハ海辺に小屋を作り在家を放す由往古よりしかり」[23]）が、八丈島を「無医島」と呼ばしめているのであろう。

さらに疱瘡の流行も、『八丈実記』を手繰ると十五世紀以来、何度かの流行が確認できる（寛正四年（一四六三）、寛永十八年（一六四一）、正徳元年（一七一一）、享保十九年（一七三四）、天明七年（一七八七））。しかし「島の者古来より瘡痘不仕候」（『八丈島浦手形』）と記される通り、いったん島外から持ち込まれると猛威を振るったらしい。加賀藩士青地礼幹（一六七五～一七四四）はその随筆【史料13】『可観小説』のなかで、八丈島での疱瘡流行によって、疱瘡除けの「八丈島織之絹布」が効能を失ったのではないか、と書き付けている[24]。「八丈島去年始て疱瘡起り」云々は事実誤認だが、「八丈島織之絹布」が疱瘡除けに重宝されたというのは、八丈島が元来疱瘡とは無縁の地という社会通念が当時存在したことを物語る。なお、青地のいう「去年」は恐らくは享保十九年であろうが、この年の加賀藩による八丈島送品（白米送付）の事実を傍証する史料は目下のところ確認できない。

【史料13】『可観小説』十八（部分）

一、八丈島去年始て疱瘡起り、人多死す、惣而餓莩許多ニ付、例年被渡下候員数之外、米拝領仕度旨、八郎殿等より申来候、江戸江御伺尤被遣候、只今迄痘瘡無之地故ニ、八丈島織之絹布を痘の辟（避）るの一物とし候所、是も不足用候歟、

さて、本節では、既出『八丈島一件』から、寛政七～八年の疱瘡流行時における八丈島の状況と加賀藩の対応とを

考えたい。本史料は、加賀藩江戸藩邸の聞番方で仕立てられた八丈島関連の留帳である。森田柿園は本史料に新たな表紙を付して題箋に「浮田家八丈島贈物記」と書き付けたが、ここではそれ以前の表題に基づき『八丈島一件』とこれを呼ぶ。ちなみに、本史料は柿園によって『松雲公採集遺編類纂』一八八に写された他、前田家編輯方（旧加賀藩主前田家〔前田利嗣〕によって明治十六年〔一八八三〕に設立）も同時期に写本『浮田家八丈島贈物記』(25)を作成している（以下特に断らない限り『八丈島一件』に拠る）。

寛政八年二月八日、八丈島代官三河口太忠の手代から加賀藩江戸藩邸に次のような連絡があった。御用船が「来月中旬比ニハ帰島」の予定であるから、例年通りの送品があれば用意するように、と。

ちょうど隔年送品の年であったらしい。前年の四月二十一日、八丈島代官（韮山代官）江川英毅（太郎左衛門）方から「八丈島浮田御一類中ゟ之披状一通・願書一通」が届けられている。「披状」は各種物資の受取状（送品目録に裏書したもの）であるから、加賀藩は寛政六年に各種物資と白米を送っていたのである。したがってその二年後＝寛政八年は、隔年送品の年にあたる。なお、右の「願書」は「年々打続候不作困窮」にともなう白米送付願（寛政七年三月付）であるが、宇喜多一類はさらにその前年（寛政六年四月付）にも白米送付願を提出している。

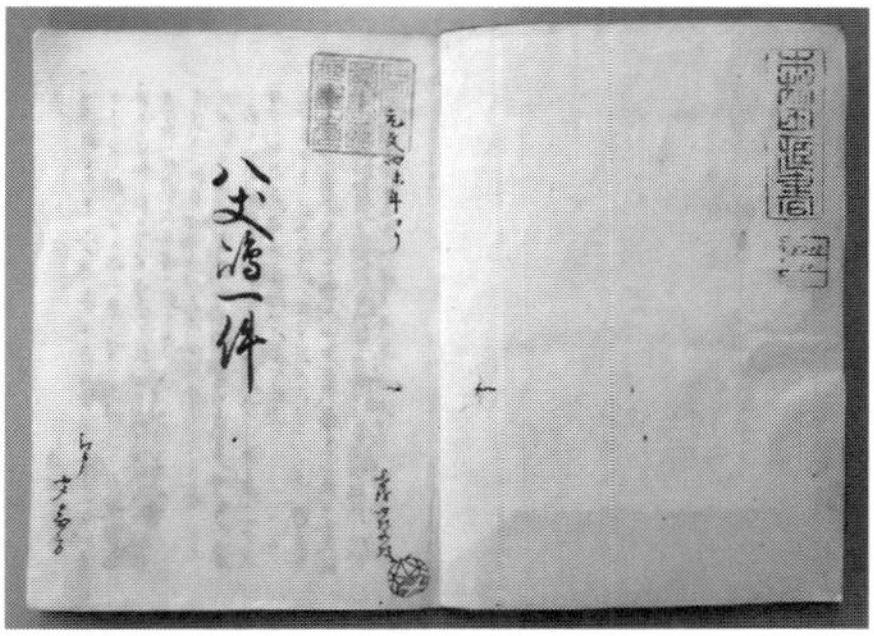
『八丈島一件』（石川県立図書館所蔵）

加賀藩は、隔年の各種物資に加えて白米の用意にかかった。三月九日、聞番が月番老中松平信明（伊豆守）に白米送付許可願を届け出、慣例通り勝手次第たるべしとの許可を得た。藩主前田治脩（一七四五～一八一〇。吉徳の末子）は当時在国であったから、この間に、藩主の裁可や八丈島への書面が、前節で指摘した通り、国許で調整されたと考えられる。事実、【史料14】送付書面への加判は在江戸の家老役ではなく、在国の年寄役二人（本多政行・長連起）の連名である。

【史料14】丙辰（寛政八年）二月二十八日付本多政行・長連起連署状写（『八丈島一件』）

覚

一、七拾俵　白米　但四斗入

右其島近年打続不作ニ而困窮ニ付、助成米被指越候様被成度旨、去寅（寛政六年）四月、同卯（寛政七年）三月之御紙面到来、則宰相（前田治脩）殿江相達、御代官三河口太忠殿江頼被申、此度之便船ニ右之通被致伝附候条夫々可有御配分候、以上、

丙辰（寛政八年）

二月廿八日　　長　大隅守（連起）判

本多安房守（政行）判

宇喜多孫九郎様

浮田忠平様

浮田半平様

浮田久大夫様

浮田小平次様

浮田半六様

浮田半七様

次いで各種物資と白米は八丈島へ送られた。後日加賀藩へ届く【史料15】彼らの受取状によれば、便船への物資の積み込みは、幕府への届出（三月）以前の二月中に完了しており、宇喜多一類の手元には五月中には無事届けられたらしい。

【史料15】辰（寛政八年）六月付宇喜多孫九郎他連署印判状写（『八丈島一件』）

当島御船出帆仕候付一筆奉啓上候、暑気之砌先以宰相様（前田治脩）倍御機嫌能被為遊御座、恐悦至極ニ奉存候、次ニ各様弥御勇健被成御勤仕珍重之御儀ニ奉存候、

一、一類共江隔年ニ被下置候御葛籠物并御合力米七十俵、当辰（寛政八年）二月当島御船江御積入被下置候処、同五月無滞島着仕、御目録之通無相違奉請取、銘々頂戴仕難有仕合奉存候、右之趣御序之砌御前可然御執成奉願上候、

猶期後悦之時候、恐惶謹言、

辰（寛政八年）六月

浮田半七　印
浮田半六　印
浮田小平次印
浮田次郎吉印
浮田半平　印
浮田忠平　印
宇喜多孫九郎印

加賀宰相（前田治脩）様御内
本多安房守（政行）様
長大隅守（連起）様

だが、この年の支援はこれで終わりではなかった。この送品と入れ違いに、【史料16】同年三月付で宇喜多一類が用意した歎願書が、五月二十二日、八丈島代官三河口太忠の手代から加賀藩江戸藩邸に届けられた。

【史料16】辰（寛政八年）三月付宇喜多孫九郎他連署印判状写（『八丈島一件』）

辰（寛政八年）五月廿二日
一、三河口太忠殿手代ゟ添紙面を以到来之浮田御一類中より之披紙面等左ニ記、御席江出之、
船便ニ付一筆奉啓上候、先以其御地御静謐宰相（前田治脩）様倍御機嫌能被為遊御座、恐悦至極ニ奉存候、次ニ各様弥御勇健可被成御勤仕、珍重之御儀奉存候、乍恐御前御機嫌奉窺度段、御序之刻可然様御沙汰奉頼上候、
一、一類共儀、誠ニ御慈悲を以相続仕難有仕合奉存候、然処当島方之儀、去十月上旬ゟ疱瘡流行仕、飢難困窮之上右病難流行ニ付、一類とも儀相続指詰り難儀至極仕候付、別紙願書を以奉申上候、何分各様御聞届被成下、御前御執成被下置候様奉願上候、右之趣可申上如此御座候、猶期後喜之時候、恐惶謹言、
辰（寛政八年）三月
浮田半七　印
浮田半六　印
浮田小平次　印

浮田次郎吉印
浮田半平　印
浮田忠平　印
宇喜多孫九郎印

加賀宰相（前田治脩）様御内
御役人衆中様

【史料16】によれば、八丈島での疱瘡流行は、前年＝寛政七年十月に始まる。「飢難困窮」にこの「病難流行」が重なったため「別紙願書」の通り、加賀藩に救援＝白米送付を願い出たのである。島の状況はその【史料17】「別紙願書」に詳細である。

【史料17】寛政八年三月付宇喜多孫九郎他連署印判状写（『八丈島一件』）

乍恐以書付奉願上候事、

一、当島之儀、去卯（寛政七年）十月上旬三根村与申村内より疱瘡相煩候もの出来仕候付、右者島方ニ稀成煩ニ御座候而、一命ニ相抱り候義御座候与、島方御役人中も種々被成手配相防候得共、追日類病出来致し候付、島中之者共甚相懼、右病難相遁可申与散乱仕、山々江立除相凌候得共、去ル十月ゟ当三月迄凡五六百人も死亡仕、誠ニ島中混難仕候間一類共儀も可相成丈病難相遁申度、去冬ゟ山江立除罷在申候、右之通島方混乱仕候間、一統農業も相怠り打続候不作ニ而飢難困窮仕候上右病難ニ付、島方一同甚難渋之時節ニ御座候間、別而一類共儀ハ取続出来不仕難儀至極仕候、何分前書之始末御聞届被成下、御合力米被下置一類共相続仕候様御憐愍之程奉願上候、右之趣御前可然様御執成被下候様偏ニ奉願上候、此段申上度願書を以奉申上候、以上、

寛政八辰年三月

村田助六　印
浮田半七　印
浮田半六　印
浮田小平次印
浮田次郎吉印
浮田半平　印
浮田忠平　印
宇喜多孫九郎印

（前田治脩）加賀宰相様御内
御役人衆中様

疱瘡は島内の三根村から発生した。八丈島支配にあたる島役人（「島方御役人中」）が種々防疫に努めたが、宇喜多一類も含め、島民は「山々」へ逃れるよりほかに手立てがなかった。それでも十月から翌年三月の間に約五〜六百人の死者を出し、しかも「農業」も出来ないため食糧不足が重なり、「島方一同甚難渋」の事態に立ち至った。ここでは省くが、一類はさらに一通の覚書を提出している。疱瘡による浮田久大夫（分家当主）の死亡通知である（正月二十二日没。『八丈島一件』）。以上の経緯により、宇喜多一類は加賀藩に対し「御合力米」の送付を願い出たのであ

る。

加賀藩はこの通知・願書をうけ、代官三河口の手代にさらに状況を問い合わせたところ、五月二十六日に至って返書があった。この返書によれば、八丈島の疱瘡流行をうけ、代官三河口は先月八丈島へ向かって発出、五月十日頃に島に到着、幕府からの「御救米其外」を届けたとのことであった。三河口はそこで「四月下旬迄ニ六百人程致病死、不煩もの共ハ不残山野江逃退一向家業等も不致候付、当麦作之義も漸ニ三分通ならてハ収納不致ゆへ夫食指支甚難渋之由御座候」という島の状況を確かめたらしい（『八丈島一件』）。

事態は緊急を要したらしい。加賀藩は八丈島からの白米送付願には事務的に応じるが、前述の通り、翌年の便船に託すなど、それは極めて悠長なものであった。実際、前述した二月付の白米送付は寛政六年および同七年と二回の願書に応えたもので、寛政六年四月の願出から白米の到着までは二年以上がかかっている。藩領内の凶作によって白米送付が翌年に繰り越された天保六年（一八三五）の事例は、さきに新出【史料9】を挙げて紹介した通り。

だが、今回の疱瘡流行には機敏に反応した。四月に藩主前田治脩が江戸に参勤し、在府であったことも、治脩の許可を直ちに得られる点で宇喜多一類には幸いした。

六月三日、白米送付に関する幕府への書面が調い、同月五日、聞番を通じて月番老中安藤信成（対馬守）に提出された。「去冬以来疱瘡流行農業等相怠困窮ニ付」八丈島へ通例通り四斗入七十俵の白米を送付したいとの願書である。折り返し勝手次第たるべしとの幕府の許可が下りた。

次いで【史料18】七月二十九日付で江戸詰の家老役前田貞一（図書）・大音厚曹（帯刀）の連名で白米送付状が作成され、代官三河口太忠方を介して書面と白米が八丈島へ送られた。この白米は【史料19】九月二十六日に至って無事八丈島に到着し、宇喜多一類に配分された。便船の出帆が気候条件に左右されることを考慮すれば、迅速な到着といって大過ない。

【史料18】丙辰（寛政八年）七月二十九日付前田貞一・大音厚曹連署状写（『八丈島一件』）

覚

一、七拾俵　白米　但四斗入

右其島不作打続困窮之上、去年（寛政七年）十月以来疱瘡流行、島中之者共相懼山々立除、各ニ茂山江御立退被成候、因茲島中一統農業等相怠弥御難儀ニ付、助成米被指越候様被成度旨当三月之御紙面到来、委細宰相（前田治脩）殿江相達候処、御代官三河口太忠殿江頼被申、此度之便船ニ右之通被致伝符候条、御請取夫々可有御配分候、以上、

丙辰（寛政八年）

七月廿九日　大音帯刀（厚曹）判

前田図書（貞一）判

宇喜多孫九郎様

浮田忠平　様

浮田半平　様

浮田次郎吉　様

浮田小平次　様

浮田半六　様

浮田半七　様

【史料19】寛政八年九月付宇喜多孫九郎他連署印判状写（『八丈島一件』）

覚

一、白米七拾俵　但四斗入

右者島方不作打続困窮仕候上、去卯年（寛政七年）十月より島方ニ稀成病疱瘡流行仕、一類共助命難仕当三月船便りを以御願申上候処被分聞召、宰相様（前田治脩）江被仰上当島御支配所江被遊御頼、書面之通御合力米新島舟江御積入被下置候処、当九月廿六日無滞島着仕、御目録之通無相違奉請取之、一類共配分頂戴仕助命相続仕候儀、重々難有仕合奉存候、

右為御請如此御座候、以上、

寛政八辰年九月

村田助六　印
浮田半七　印
浮田半六　印
浮田小平次　印
浮田次郎吉　印
浮田半平　印
浮田忠平　印
宇喜多孫九郎印

加賀宰相（前田治脩）様御内
前田図書（貞一）様
大音帯刀（厚曹）様

かくて寛政八年の宇喜多一類は、五月に続いて九月にも白米を受領した（さらに幕府からの「御救米」も恐らく分け与えられたであろう）。前年十月以来の疱瘡流行が、いつ頃沈静化したのかは不明である上に、浮田久大夫の他に宇喜多一類に犠牲者があったか否かも分明ではないが（残存史料を見る限りでは疱瘡での死者は久大夫が唯一）、山々に逃れた彼らは無事にこの危機を乗り越えることができたらしい。

以上、一年に二度の白米送付という特殊事例を同時代史料から検討し、あわせて寛政七〜八年の八丈島における疱瘡流行につき確認した。

六、小括

以上、四つの事例を主に、加賀藩による八丈島支援の諸相について検討した。それぞれの結論は各節にまとめた通りであるから省略し、ここでは以上の事例を総合して、新たに見えてきた支援の概要をまとめ、さらに各種物資の調達につき簡単に私見を述べておきたい。

前田綱紀施政期以降、継続的に行われた送品それ自体は慣例化したが、必ずしも機械的に実施されたわけではなく、場合によっては送品それ自体について詮議が行われた。送付物資の多寡もまた、時期により変動があった。宇喜多一類＝八家の当主宛への送付物資には定められた品目・分量があったが、それ以外の特別支援が存在したのである。また、疱瘡の流行といった一類の危機的状況にあたっては、年に二度の白米送付といった機敏な対応をもって加賀藩は報いている。

送品実務は、基本的に江戸で行われたが、その責任者は藩主在府中の場合は家老役（ないし江戸留守居役）、藩主在国中の場合は年寄役・家老役であった。そして江戸における幕府・八丈島代官との交渉は聞番が担った点を再確認し、さらに藩主への上申や国許への書類の廻送には御用人があたった事実を新たに指摘した。

しかし不明点も多く残された。たとえば、反物や日用雑貨等々の品々を誰がどのように調達するのか、またその費用はどの程度であったのか。史料的制約によって端的な言及になるが、この問題につき若干の私見を述べておきたい。

まず、各種の物品であるが、これは江戸会所の調達にかかると筆者は考えている。江戸会所の関与は【史料1・11】に仄めかされるほか、新出【史料20】『会所記録留』[26]がその具体像を明らかにする。年代こそ絞り込めないが、八丈島へ送る各種物品の調達を、江戸会所は買手・古物所・棟取所へそれぞれ帳面を渡して調達させ、あわせて加賀藩お抱えの医師衆（江戸詰）に医薬品を調合させていた。

【史料20】『会所記録留』（部分）

一、八丈島浮田殿御一類中江被遣品々、御用所ゟ指紙面相渡候へ者、買手所へ申談ル、并古物所へも指之通ヲ帳
　面ニ調遣ス、

但帳面三冊　買手・古物所・棟取所

（中略）

一、西大寺・腹留薬・虫薬、此分当地詰合之御医師中へ被遣紙面左之通、

覚

一、弐包充　　西大寺・虫薬・腹留薬

【表2】八丈島送品費用（見積）

№.	年代(作成年月)	金額(銀)	費目等	典拠
1	延享4年(1746)8月	7貫目斗	八丈島江遣物代、但隔年	御領国江戸京大坂御入用中勘図
2	宝暦4年(1754)7月	10貫目斗	八丈島江被遣物諸品代、但隔年ニ此銀高程充御用御座候	御入用壱ケ年分大概御図方帳
3	文化9年(1812)2月	1貫500目	八丈島江隔年被遣御葛籠物品品代	御留守中御入用中勘図帳

※典拠史料はいずれも加越能文庫所蔵
※№.1「御領国江戸京大坂御入用中勘図」には「当時之御図りニハ一向引合不申候得共」との注記有

〆
右調合可有之候、已上、
申四月　　会所
御医師衆中

物品調達の具体的費用は、筆者が見出した【表2】加賀藩御勝手方の見積書を検するほかないが、内訳が不明な上、時々の物価の影響か、この見積もり三種の数値から妥当な結論を見出すのは難しい。ここでは史料紹介に止めておく。

特例送付、――従って見積書には記載されない白米はどうであろうか。これは第一章で考えた元禄十一年（一六九八）の事例からも窺えるが、江戸深川の米蔵から拠出されていたらしい。文化八年（一八一一）七月作成の『深川御蔵米調べ帳』（「文化七年分深川御蔵米入払覚」[27]）を挙げておく。

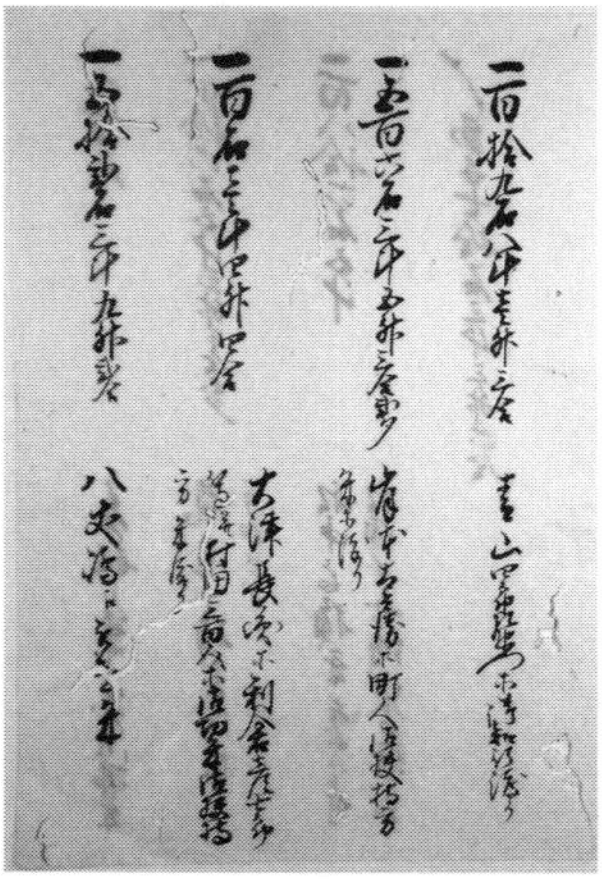
『深川御蔵米調べ帳』
（金沢市立玉川図書館近世史料館所蔵）

この新出史料には、深川の米蔵から八丈島送付のため積み出された現米の高五十二石三斗九升二合（「一、五拾弐石三斗九升弐合　八丈島江被遣米」）が書き留められている。恐らくこのなかから精米された二十八石（四斗入七十俵）が八丈島へ送られ、残りは精米代や俵代、便船積み込みのための輸送料に充てられたのであろう。各種物資の調達や費用の詳細、白米の調達に関しては、不充分ながら目下判明するところは以上の通りである。

その他、加賀藩前田家による八丈島送品をめぐる筆者の所感を述べれば、十八世紀の半ばを過ぎると、綱紀期のごとく詳細にわたる史料が少なくなってゆく。一部の例外として本章で取り上げたような事細かな記事も残されているが、送品事実を簡略に書き留めた、片々たる記事が多くなる。

この私見が正しければ、それは、八丈島送品慣例の固定化、すなわち原則として前例踏襲、安定的な運用が行われるようになった事実を物語っているのではなかろうか。

註

（1）その他、拙稿「没落後の宇喜多氏について」（『岡山地方史研究』一四〇、二〇一六年）、大西著書⑤等も参照のこと。

（2）石川県立図書館森田文庫所蔵。日置謙校訂『加賀藩御定書』前（金沢文化協会、一九三六年）では、日置によって巻次が操作されている（五→十三）。なお、本文【史料1】に引用を省いた元文四年（一七三九）および寛延元年（一七四八）の送品記録を参考のため以下に掲げる。

【参考】『加藩十二冊定書』五（部分）

一、八丈島浮田殿へ被遣候米相渡候砌、深川江拙者共罷越申筈、元文四年夏、真田左治兵衛罷越候、前廉足軽・小頭并平足軽等指遣、御蔵元詮儀ニ而請負人相極、右御米ハかち米ニ致し、俵認等例々格有之、右認等右足軽等致支配見届、蔵江入致封印罷帰、追而拙者共罷越、御米船ニ積申事共抔ハ右足軽捌、上乗ハ拙者共いたし、大船江罷越、八丈島公義役人何之誰ニ相渡、請取切手取帰ル事、

一、寛延元年戊辰八月十一日、浮田殿一類中へ被遣物之内、深川御米蔵米四斗俵七十俵今日便船ニ御伝附、公義御用船服部源蔵殿船江積入、斎藤喜六郎殿下代上島百四郎江相渡、百四郎請取手形取来、御用所江相達ル、右御用宮崎久兵衛罷越ス、同船永来新左衛門・升屋次左衛門筋違ゟ乗出ス、外供船壱艘、且又御米船者、野尻十右衛門并割場足軽小頭湯川清八、平足軽壱人、小遣両人、竹屋長兵衛・中島屋新四郎等、

(3) 加越能文庫所蔵。

(4) 『浮田家一件』・『参議公年表』・『前田貞直筆記』。いずれも加越能文庫所蔵。

(5) 大田南畝『一話一言』(『蜀山人全集』四、吉川弘文館、一九〇七年)、石川県立図書館森田文庫所蔵『八丈島一件』、松浦静山『甲子夜話』三篇・五十一(『甲子夜話三篇四』平凡社東洋文庫、一九八三年)、加越能文庫所蔵『横山氏記録』(『加賀藩史料』藩末篇上巻、前田育徳会、一九五八年。九四九〜九五五頁)。

(6) 前掲註(4)『前田貞直筆記』四(日置謙編『加賀藩史料』六、前田家編輯部、一九三三年)から関係個所を以下に引用する。

【参考】(元文元年(一七三六)十二月二十一日付代官斎藤直房(喜六郎)手代樋口儀八郎他書状写(部分。傍線部筆者)

委細吟味仕候所、積荷不残潮入に罷成候、葛籠一荷之儀は掛揚候之間、汐出し干立等申付、此度幸助帰帆之砌、積請来り申候、然所金子并御目六(録)筥之儀、別段に封遣候間、彼等方にて錠前付小箱に入置候処、御船打破れ水船に罷成候節、即時に流失仕候旨申に付、段々吟味仕候所、流失に紛無之相聞江申候、

(7) 加越能文庫所蔵『御留守中日記』。第一章を参照。

(8) 田中喜男『近世産物政策史の研究』(文献出版、一九八六年)第一章第二節「元禄・享保期の商業的農業」、近藤磐雄『加賀松雲公』上(羽野知顕、一九〇九年)第二十一章第一節「封内五穀の不登」等。

(9) 加越能文庫所蔵『御家老方諸事覚書』、および東京都公文書館所蔵、近藤富蔵『八丈実記』二一(活字本は『八丈実記』四、緑地社、一九七一年)。加賀藩家老役前田路博(織江)の政務日記である前者は、未刊史料であるから以下参考のた

め翻刻・紹介しておく。

【参考】『御家老方諸事覚書』四（文化五年〔一八〇八〕閏六月十九日条。部分）

一、八丈島宇喜多御一類中ゟ、去秋時化有之作物等不宜、当年渡世難儀仕候間、何分御憐憫を以一類共相続仕候様奉願候旨、書付并添書とも両通、滝川小左衛門殿手代荘野確兵衛等添紙面を以到来候旨ニ付、篠原勘左衛門指出ニ付、御用人江渡遂詮義申聞候様申渡事、

(10) 加越能文庫所蔵。

(11)『表方留』では「聞番出之」としか記されないが、『表方留』と同一人の筆になる加越能文庫所蔵『前田貞幹手記』では、五月八日条に「△一、八丈島宇喜多一類中ゟ之紙面願書附等一箱、聞番青木伊右衛門出之候事」と聞番青木与基による披露であったことが確かめられる。なお、その月日に齟齬（『表方留』では五月九日条、『前田貞幹手記』では五月八日条）があるが、差し当たり『表方留』の記載に従った。

(12) 日置謙編『加賀藩史料』七（前田家編輯部、一九三四年）延享三年三月八日条所収『政隣記』・『本多氏旧記』・『坂井旧記』等。

(13) 前掲註（5）『八丈島一件』。

(14) 御用人の関与は本文【史料12】『中川長定覚書』（享保五年〔一七二〇〕七月二十八日条）等でも確認できる。なお、同時代史料における八丈島送品に関する御用人関与の初見事例は、管見の限り、第一章に引用した『葛巻昌興日記』貞享二年（一六八五）六月二十七日条である。

(15) 加越能文庫所蔵。ただし、加賀藩は天保六年（一八三五）、備荒倉十三ヶ所を設けており（「改作方年中行事」）、同年を凶作と断ずるには躊躇を覚える。

(16) 加越能文庫所蔵。

(17) 典拠は前掲註（5）、その内容の大方は本文【表1】を参照。なお、目録五例の日付はそれぞれ、享保二年（一七一七）

四月付（『浮田家一件』）、寛政四年（一七九二）閏二月付（大田南畝『一話一言』）、寛政八年三月付（『八丈島一件』）、天保八年（一八三七）八月六日付（松浦静山『甲子夜話』三篇・五十一）。安政五年（一八五八）五月六日付（『横山氏記録』）である。

(18) 家老役前田純孝（内記）・年寄役本多政礼（安房守）連署の文化十三年（一八一六）閏八月の事例（「花房家史料」）、家老役前田貞事（図書）・年寄役横山隆章（山城守）連署の天保五年（一八三四）七月の事例（前掲註（9）『八丈実記』二一）等。いずれも藩主在国時の送品事例。

(19) 日置謙『改訂増補加能郷土辞彙』（北国新聞社、一九五六年。元版一九四二年）「江戸留守居」の項。

(20) たとえば、安永三年（一七七四）三月付江川太郎左衛門「伊豆国附島々様子大概書写シ」（前掲註（9）『八丈実記』五。活字本は『八丈実記』二、緑地社、一九六九年）には、検地の結果が以下のように書き留められている。

伊豆国附

無高　八丈島　東西弐里半南北四里半　江戸より海上百五拾四里

田畑反別　弐百廿町三反壱畝拾六歩

内　田五拾七町九反六畝歩

畑百六拾弐町九反六畝歩

なお、「無高」であった伊豆七島に一万石の設定がなされたのは、慶応四年（一八六八）の韮山県成立時である。仲田正之「韮山県」（『国史大辞典』一一、吉川弘文館、一九九〇年）、同「近世代官と伊豆七島支配」（同『近世後期代官江川氏の研究』吉川弘文館、二〇〇五年所収。初出二〇〇〇年）を参照。

(21) 讃岐国船の漂着難船始末記録。延享四年（一七四七）成立。住田正一編『海事史料叢書』一五（巌松堂書店、一九三〇年）所収。

(22) 川崎長五郎『江戸時代の八丈島―孤島苦の究明―』（東京都、一九六四年）一八一頁、大隈三好『伊豆七島流人史』（雄山閣、一九七四年）一五六頁。

(23) 国立公文書館内閣文庫所蔵、大原正矩『八丈志』上。

(24) 加越能文庫所蔵。刊本『可観小説』前・後編（日置謙校訂。金沢文化協会、一九三六年）。

(25) 加越能文庫所蔵。いずれも『備作之史料（五）金沢の宇喜多家史料』（備作史料研究会、一九九六年）に翻刻・紹介されている。

(26) 金沢市立玉川図書館近世史料館所蔵、郷土資料『会所記録留』。

(27) 加越能文庫所蔵『深川御蔵米調べ帳』。

第三章　宇喜多一類の赦免とその東京移住

一、はじめに

明治二年（一八六九）二月、明治政府は八丈島宇喜多一類を赦免し、彼らを宇喜多秀家このかた代々流人たるべき桎梏から解放した。本章ではその赦免前後における宇喜多一類の動向を同時代史料から復原する。『加賀下屋敷跡払下文書』、立石定夫『戦国宇喜多一族』、『板橋区史』(1)をはじめ従来の文献では必ずしも充分ではなかった典拠史料の提示や、新出史料の紹介を交えて事実関係の明確化を期したい。

二、最後の送品

幕末混乱の渦中にあっても加賀藩前田家は八丈島への送品を従来通り継続した。ここでは長年にわたる送品慣例に則って行われた幕藩体制下最後の送品として慶応二～三年（一八六六～六七）の事例、そして明治維新後、八丈島への最後の支援となった慶応四年（明治元年。一八六八）の事例を確認する。

慶応二年九月八日、前年三月の宇喜多一類の求めに応じ（『八丈実記』）、白米を含む隔年の荷物を積み込んだ便船が八丈島へ向け品川沖を出帆した（以下「御家録方調書」）[2]。しかし十月二日に伊豆大島を出た便船は、御蔵島沖合で「難風」に遭遇して漂流、十一月十八日に「破船」して荷物は悉皆流失した。

このとき艀に乗り移って一命を取り留めた船員は、漂流のすえ、「支那東砂と申所之漁船」＝台湾の漁船に救助され、香港へ上陸、英国商船によって翌年正月、横浜の神奈川奉行へ身柄を引き渡された。

慶応三年四月三日、便船遭難の報せが八丈島に到着した。同年五月、宇喜多孫九郎（惣領家十一代ないし十二代）らは加賀藩に対し、重ねて支援を要請した。孫九郎らの書面は、伊豆国韮山代官（八丈島管轄）江川英武（太郎左衛門。一八五三～一九三三）方から加賀藩江戸藩邸の聞番へ渡され、さらに在江戸の家老役横山政和（蔵人）から国許へ転送、七月十日、在金沢の藩主前田慶寧（一八三〇～七四）に披露されている。慶寧は宇喜多一類の願出を受理したと思しく、荷物等が同年中に再送されたらしい。同年九月十日付、横山政和による白米送付状が『八丈実記』に確認できる。

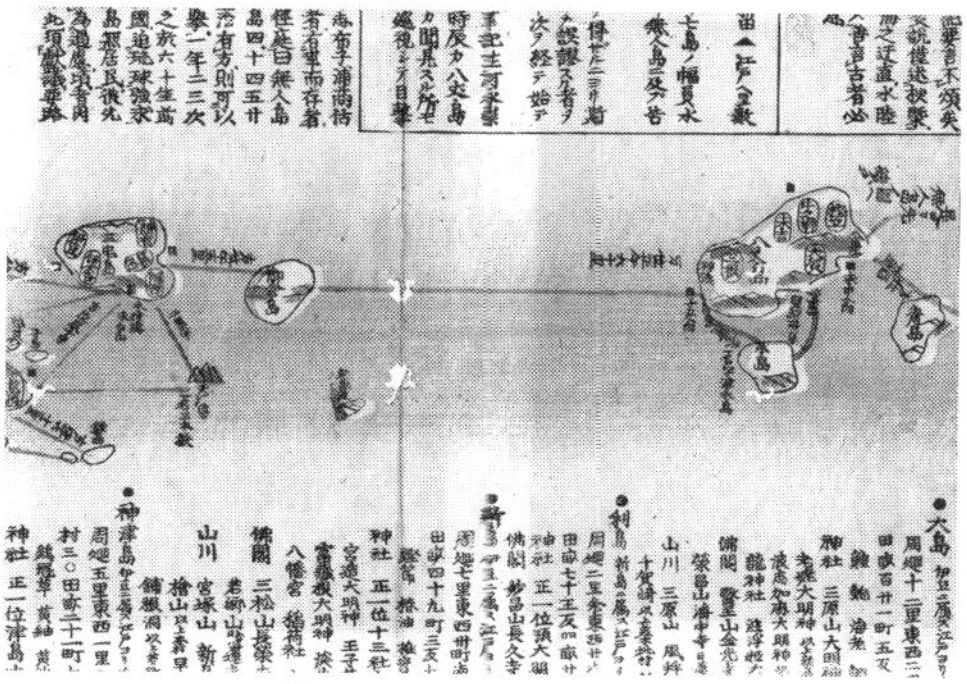
「増訂伊豆七島全図」
※三宅島・御蔵島・八丈島等　（著者所蔵）

周知に属するが、以降の政情を略記すれば、同年十月に大政奉還、十二月には王政復古、翌年正月に鳥羽伏見の戦い、四月に江戸開城といったところで、この半年ほどの間に徳川幕府が崩壊し、明治新政府が成立した。

加賀藩前田家はこの物情騒然たるなかでも八丈島への送品慣例を守った。前例墨守というべきか、律儀と評すべきか、なかなか興味深い。五月十五日の上野戦争（江戸上野の彰義隊を新政府軍が破る）からわずか数日後の五月十九日、聞番恒川寿福（新左衛門。銃隊御馬廻頭兼帯）は【史料

1】の如き伺書を新政府に提出した。なお、恒川寿福は第二章で触れた聞番恒川福武（七兵衛）の孫にあたる。

【史料1】（慶応四年）五月十九日付太政官弁事御役所宛恒川寿福伺写（『公文録』）[3]

豆州八丈島浮田家一類ノ者共、由緒有之、先前ヨリ授与ノ品々、例隔年彼地旧代官へ申入、便船ヲ以差送、且助成米ノ儀モ申越候へハ遣来、当辰年右品々可差送順年ニ御坐候、然処旧来ノ伝手無之候間、国許ヨリ手艦ヲ以差送、予テ申越置候助成米ヲモ積込遣度奉存候、此段奉伺候様申付越候、以上、

加賀宰相中将内（前田慶寧）

恒川新左衛門（寿福）

五月十九日

弁事

御役所

（朱書）「助力米積込遣候儀不苦候事、五月廿二日」

今年は八丈島へ荷物を送る「順年」であるから、宇喜多一類から要請があった白米と一緒に送付したい。ただ、幕府倒壊によってか「旧来ノ伝手」がないため、国許の「手艦」（加賀藩所有の艦船）をもって八丈島へ送品したい、との願出である。新政府総裁局にあって庶務を管掌した「弁事御役所」は、これを五月二十二日に裁可した。遺憾ながら、この送品については他に史料がない。願出通り実行されたとすれば、翌年二月の宇喜多一類の赦免を控えて、これが最後の送品になったと推断できる。ここでは新出【史料1】等によって、幕末維新期においても加賀藩前田家による八丈島への送品慣例が維持されたこと、および最後の送品事例を確認した。

三、明治二年の赦免と東京への移送

明治二年（一八六九）二月、明治政府は宇喜多一類を赦免した。ただし、赦免の通達は八丈島の当事者ではなく、加賀藩主前田慶寧に対して行われた。それは一類の扶助を加賀藩に託すためであった。このとき藩主慶寧は京都にいた。通達は東京から金沢へ廻送され、さらに金沢から京都という経路をとって慶寧に伝達されている。以下【史料2】赦免の沙汰と、これに添えられた【史料3】江戸から金沢宛ての書簡を引用して検討する。

【史料2】（明治二年）二月九日付宇喜多一類赦免通達等写（『公文録』[4]）

前田宰相（慶寧）中将

八丈島流人

宇喜多孫九郎

同　忐平

同　半平

同　次郎吉

同　小平治

同　半六

同　半七

御一新ニ付、右之者共御赦被　仰付候ニ付テハ、旧来由緒モ有之趣ニ付、其藩へ引取、扶助可致旨　御沙汰候事、

二月九日

（※中略。右と同文の赦免通達）

右之通、去月十日於東京被仰渡候旨申越候間、御届申上候様申付候、以上、

前田宰相中将内

三月五日　林　淳四郎

弁事

御役所

【史料3】（明治二年）二月十四日付本多政均宛岡田正忠書状写(5)

一、当十日弁事御役所江御呼立ニ付、神戸加平（盛之）罷出候処、官掌小室新弥罷出、八丈島宇喜田一類、於其藩由緒も有之義ニ付、別紙之通被仰渡候旨申聞、御書付壱通相渡候旨ニ而差出申候、右ニ付手続方之義、韮山知県事江川太郎（英武）左衛門方江為聞合、福田半蔵差遣候処、下役雨宮新（右脱カ）衛門罷出、右同様御書付御渡ニ相成候、依而者是迄之通御用船、当四月比出帆、彼是六七月比彼地江着岸、然上右被仰渡之趣申渡、引取方用意為致候義故、迚も当年ハ引払ニハ相成不申、先来午（明治三年）四月比、御用船ニ而出帆ニも可相成旨申聞候段、半蔵申聞候、右之外、家族人数高等之義暨是迄於彼地暮方等之義相尋候処、申ニ者家族五六人之向も有之、平小百姓之躰ニ而、山方拵なといたし罷在、従前此（平出）方様ゟ之御扶助を以、取続居候旨申聞候旨相達候、猶追々為聞取可申進与存候、依之当十一日町飛脚差延、今日出立、四日半歩申渡得御意候、京都江者別段飛脚差立不申候間、着之上者夫々言上方御取斗之様致度候、以上、

二月十四日　　　　　　雄次郎（岡田正忠）判

本多播磨守（政均）様

猶以本文之通、宇喜田御一類被免、此方様（平出）江御引取方被仰渡候義ニ付而者、右被仰渡之趣、此方様（平出）ゟ一応御一類江被仰遣候訳ニ而も有之間敷哉、若被仰遣候訳ニ候ハヽ、御用船も彼是四月比ならてハ出帆も不致義ニ付、猶更是等之処、御詮義可被遣義ニ候ハヽ、江川方江是迄之通御頼御伝附之方可然哉と存候、此段も為念申進候、以上、

以上から事実関係を整理する。【史料2】二月九日付の沙汰は、宇喜多一類の赦免と、「旧来由緒」を理由に、加賀藩が一類を引き取って扶助するように、との趣旨である。【史料2～3】によれば二月十日、明治政府総裁局の「弁事御役所」へ呼び出された加賀藩士神戸盛之（加平。当時、公議方附属御用所御用公議人。『先祖由緒并一類附帳』）に、官掌小室新弥からこの沙汰が伝達されたという。

引き続き【史料3】から事実関係を適記する。東京の加賀藩庁は早速、一類引き取りのため韮山知県事の江川英武（太郎左衛門）方へ情報収集に動いた。十八世紀後半以降、韮山代官として八丈島支配にほとんど世襲で携わった江川氏は、維新後も韮山知県事として引き続き八丈島を管轄していた[6]。

韮山県の下役雨宮新右衛門によれば、従来通りの御用船が四月頃に出帆の予定であって、八丈島へは六～七月頃には到着する。そのうえで一類の「出立方」が手配されるから、当年中の「引払」はとても無理である。一類の出島は、来年四月頃の御用船を待つことになろうか。その他【史料3】には一類の人員や「平小百姓之躰」云々といった彼らの暮らしぶりが書き添えられている。

以上【史料3】は、明治政府の赦免通達に添えて東京の「参政」岡田正忠（雄次郎）から、国許（金沢）の「執

政」本多政均（播磨守）へ送られた。岡田は京都へは「別段飛脚」を立てなかったので、藩主慶寧への報知は金沢から行うよう依頼している。

二月二十三日、金沢の本多政均は【史料2〜3】に【史料4】自らの書簡を添えて、京都の「執政」横山政和（蔵人）らへ発送した。

【史料4】（明治二年）二月二十三日付横山政和他宛本多政均書状写(7)

八丈島宇喜多御一類御赦被　仰付候付而ハ、御由緒も有之趣ニ付、此《平出》方様江御引取御扶助之義、去十日於東京御書付を以被仰渡候旨、別紙等之通岡田雄次郎《正忠》より申来候付、右御書付等差進候条、以御序被入　御覧、於其表《京都》御届方之義被遂御詮義、御伺御申渡可被成候、且前段御書付之趣、彼地江被仰遣方等之義、夫々取しらへ候様、御算用場奉行江可申渡与存候、今日不時立町飛脚二日半歩申進候付、伝附此段申進候、以上、

二月廿三日　播磨守《本多政均》判

蔵人《横山政和》様等

本多は横山らに宛てて宇喜多一類の赦免を伝え、慶寧への披露を依頼した。あわせて一類の扶助や八丈島への赦免通知等に関して算用場奉行に検討させせたいとも述べている。一類の引き取り＝扶助には何をいかように用立てればいいのか、必要経費の見積もりと支弁の準備に取り掛かるべき、との慶寧への進言であった。

京都の前田慶寧が【史料2〜4】に接してどう反応し、何を指示したかは残存史料に恵まれない。【史料2】明治二年二月九日付の通達に対し、東京および金沢で宇喜多一類引き取りに向けた準備が開始された事実をのみ、ここで

は確認しておこう。

江川英武を介して八丈島へ赦免の通達が届いたのは、同年四月二十六日のことである。

【史料5】明治二年二月付宇喜多一類赦免等通達写（『八丈実記』二一）(8)

○明治二年己巳四月廿六日八丈島着君沢形御船ニテ地役人奥山二郎持参御用状写、

朝政御一新ニ付、浮田一類之もの家族一同御赦被仰付候間、得其意出島申儀其方共差添江戸川着船次第可届出もの也、

明治二年巳二月　江太郎左衛門（江川英武）

伊豆国八丈島地役人

神主

名主

年寄

この通知に対する宇喜多一類の反応は、やはり残存史料がなく不明である。一類の八丈出島・東京到着が、韮山県の見込み通りに運ばなかった理由も判然としないが、翌明治三年八月に至って宇喜多一類は東京に到着する。この間、旧藩は明治二年六月十七日をもって「金沢藩」と改称、藩主前田慶寧も金沢藩知事に任命されている(9)。

出帆の日時は不明であるが、御用船に乗船して東京に至った宇喜多一類（八戸、七十五人）は、新出【史料7】八月十五日・十八日の両度にわけて、韮山県から金沢藩前田家に身柄が引き渡された。新出【史料6】によれば、「御

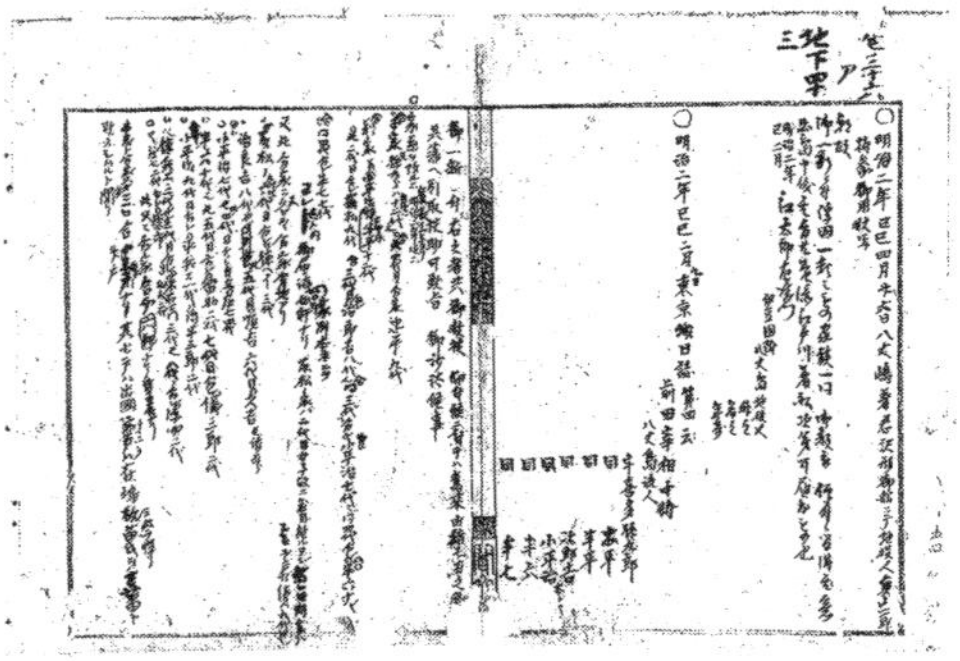

近藤富蔵『八丈実記』21　（東京都公文書館所蔵）

邸」（旧加賀藩上屋敷＝本郷邸カ）における「受取」手続き後、「御貸小屋等不都合之義も有之候」と見える通り、寄宿先が工面できなかったらしく、一類は「霊岸島東湊町伊勢屋庄次郎方」に滞留することになった。【史料6】は、東京の金沢藩士から金沢の藩知事前田慶寧のもとへ、こうした動向を知らせた書面である。そして彼らの身分について、金沢藩では「彼是無論由緒も有之義」・「浮田一類所望之義士分取扱ニ而可然哉」等々と家令らが検討の上、[10]結果的に【史料7】のように決着した。すなわち金沢藩として彼ら一類を「平民」として取扱いたき旨が明治政府に伺われ、その通り承認された。

なお、葛西重雄・吉田貫三『八丈島流人銘々伝』や立石定夫『戦国宇喜多一族』、『板橋区史』は、宇喜多一類の八丈出島を八月十一日とし、彼らが東京到着後、浄土宗法真寺（文京区本郷）に滞在したと記すが、現在のところ筆者はこれを実証する史料を見出せていない[11]。

【史料6】（明治三年）八月十九日付丹羽家従等宛内藤大属等連署状写[12]（部分）

重而申進候、

一、宇喜多孫九郎等一類出島いたし候ニ付引渡可申旨、別紙写之通り韮山県ゟ申来候ニ付、則受取於御邸、差当御貸小屋等不都合之義も有之候ニ付、先ツ霊岸島東湊町伊勢屋庄次郎方江宿申付置候、猶御詮義之上御所置方可有之候間、為御承知申進候、

（中略）
右得御意度如斯御座候、以上、
八月十九日
内藤大属
雀見権大属
野口権少属
世良太一
丹羽家従殿
篠島家従殿

【史料7】（明治三年）八月付太政官弁官御伝達所宛内藤誠伺写(13)

八丈島流人宇喜多一類之者、御一新ニ付、御赦被（平出）仰付、旧来由緒も御坐候趣ニ付、当藩へ引取扶助旨、去巳年二月九日　御沙汰御坐候処、右之者共今般着船仕、都合八戸七十五口、当月十五日、十八日両度ニ韮山県ヨリ請取申候、就而ハ身分之儀、都而平民之振合ヲ以、取扱可然義与奉存候、尚更御指図御坐候様仕度此段奉伺候、以上、
金沢藩
内藤　誠
庚午（明治三年）八月
弁官
御伝達所
「窺之通」（朱書）

東京に到着した宇喜多一類は、【史料7】村田家をあわせて総勢八戸・七十五名であるが、『八丈実記』に「本家ト分家又一合廿戸ナリ、其七戸ハ出国、十三戸ハ在島」とも見えるから、八丈島に留まった者も少なくなかったらしい（八丈島に残留した一類は名字を「喜田」と改めたという）。また、東京到着の翌九月、金沢藩の上申書によれば、韮山県から引き取った七十五人のうち三人が「病気等ニテ帰島仕度叚（段）願出」、許可されている[14]。宇喜多一類の出島が、必ずしも彼らの総意でなかったことがこの事実のうちに瞥見できよう。

四、金沢移送の頓挫と旧平尾邸への移住

明治三年（一八七〇）八月、八丈島から東京に移った宇喜多孫九郎（惣領家十二代）以下の宇喜多一類七十五人は、ほどなく小松了従という僧侶（後掲【史料9】では「芝増上寺塔頭前ノ運正寺了従ト申者」）に身柄を預けられ、了従の借り受けた板橋の旧加賀藩下屋敷（平尾邸）跡地の開拓に従事することになった。金沢藩は当初、彼らを北陸（恐らく加賀国金沢）へ移す算段であったが、一類がこの処置を拒絶したためである（後掲【史料9】等）。明治三年十一月～十二月のことであった。

しかし、八丈島と東京との気候の相違、あるいは水あたりによって、その後三十人程が帰島を願い出るなど、一類の生活は順調とは言い難かった。

それでも旧金沢藩知事前田慶寧（廃藩に伴い東京へ移住）は一類の自立のため、下付金を加えて開拓地を与えることに決め、明治政府の承認のもと明治五年五月これが実行に移された。

以上が東京移住後の宇喜多一類のおよその動向である。ここでは、一類の北陸移送計画とその失敗など、拙著『宇喜多秀家』や拙稿「新出史料にみる明治三年の宇喜多一類」[15]で指摘した新知見を踏まえ、右の事実関係を仔細に跡付けてみたい。

まず、宇喜多一類が小松了従のもとで平尾邸跡地の開拓に携わるようになった経緯を新出【史料8〜9】から考える。新出【史料8】明治三年十一月、小松了従が旧平尾邸開拓のため、金沢藩に対し一類の身柄引き受けを願い出た書面、そして新出【史料9】赦免後の一類の動向を簡潔にまとめた史料のうち、明治四年十月、金沢県の大蔵省宛上申書を挙げる。後者は帰島を希望する一類の願書に添付された書面である。

【史料8】明治三年十一月付本郷御会計局宛小松了従書状写[16]（『明治四年雑録』。傍線部筆者）

　書付を以奉願候、

一、A御屋形様（前田慶寧）御私邸平尾御邸内開拓之義、奉願上候処、当八月中御書付を以願之通被仰付、地元御引渡ニ相成、永世難有奉存候、附而者永々右御地所御世話申上度与奉存候付、先日以来為御冥加一際之■■も相勤申上、不朽御恩沢ニ奉浴度奉存、種々苦心仕居候得共、何分近来拙僧并法類共疲弊難渋仕居候義故、別段之勤納申上兼、依之御願申上候も恐入候得共、無程中承候処、先達而B宇喜多一族御屋形様江御引渡依頼、日々御賄等多分之御入費ニも相成候趣思慮仕居候、然処幸開拓之日雇多勢人数も相願居候事故、同人共御私邸御引移ニも相成候ハヽ、相当之働等申付、三ヶ年も相過候ハヽ、御賄無之候而も活計之備も相立候之様為致度、且御賄御入費之内も拙僧より聊御冥加差加、惣而御物入御減少ニも相成候様仕度、今般御地所開拓之奉■御恩沢度与奉存候間、御指支ニも相成不申候ハヽ、何卒願之通御許容被成下候様付而奉願上候、此段宜敷御執計之

程奉願候、以上、

午《明治三年》十一月　　　　　　　　前蓮正寺　了従

本郷御会計局　御役人中

副書

一、宇喜多一族御《平出》私邸江御引移被成下候付而者、同人共住所之向者、御見計之上御屋形様より被成下候様奉願候、

一、御賄之義者、当年分処壱ヶ月分金百五拾両、来未年ゟ三ヶ年之間、壱ヶ年金千五百両充、毎年正月・七月両度ニ御下置被成下候様奉願候、

一、同人共御引移ニ付暮シ向日用之品々、為手当金三百両御渡被成下候ハヽ、右ニ而夜具類其外当坐用之品、買調相渡可申候、

一、同人共御賄年限中閏月有之候節者、壱ヶ年金千五百両之別合を以、壱ヶ月分御渡置被成下候様奉願候、

一、本文ニ申上候通、同人共活計之備も相立候様致遣度候付、已来地税上納之義、御用捨被成下候様奉願候、猶又多勢之人数ニも御座候事故、地元之義御賢慮を以今少々御増渡被成下候様奉願上候、以上、

午十一月　　　　　　　　前蓮正寺　了従

本郷御会計局　御役人中

【史料9】明治四年十月付金沢県「浮田一類ノ儀ニ付御答書」写(17)（傍線部筆者）

浮田一類ノ儀ニ付御答書

当県《金沢県》へ御引渡ニ相成候八丈島流人浮田一類ノ者、孫九郎等八家七拾余人ノ儀ハ、旧来由緒モ御座候趣ヲ以、引取

扶助可致旨、去己巳（明治二年）二月御沙汰ニ付、庚午（明治三年）八月韮山県ヨリ引請、直様北地本県へ可引送筈ノ処、元来暖地出生ノ者ニ付、俄ニ寒国移住ノ儀難渋ノ旨申出候、乍去往々当地ニ徒食為致置候テハ藩費不少、仍之前田従三位（慶寧）元私邸平尾ノ儀ハ多分ノ歩数モ有之、既ニ開墾取懸リ居候者モ有之候ニ付、幸其中芝増上寺塔頭前ノ運正寺了従ト申者へ委任、浮田一族ヲシテ追々開拓為致、相当ノ租税相納、永世活計ノ道為相立目途ニテ、即今ノ所衣服等為調度金百五十両差遣、其余為賄金、昨午年（明治三年）ヨリ三ヶ年ノ間、壱ヶ年金千五百両宛相渡シ、四ヶ年目ヨリハ右開拓地ヲ以、自分ニ生活可為致心組ニ御座候、然処今般帰島ノ儀願出候ニ付、往々扶助可申受心得否ノ旨、段々承リ糺候処、元来右土地ニハ相応田地モ爾今所持罷在候段、別紙ノ通申聞、其上親類共モ有之、手馴候生業モ御座候得ハ、今度引越ニ付、費用迄助成呉候得ハ、爾後外難題不申出心得ノ旨申聞候、此段御尋ニ付如此御座候、以上、

辛未（明治四年）十月　　金沢県

大蔵省御中

では、【史料8〜9】から事実関係を整理したい。

宇喜多一類の東京到着は既述の通り八月中旬、小松了従が一類を預かりたいと金沢藩に申し出たのが【史料8】十一月である。この間の金沢藩（明治四年七月の廃藩置県によって金沢県へ移行）や一類の動向には不明点が多いが、【史料9】から大凡のところは読み取れる。すなわち「直様北地本県へ可引送筈」と見える通り、金沢藩は直ちに一類を北陸（恐らく加賀国金沢）へ送る予定であったことが判明する。しかし「元来暖地出生ノ者ニ付、俄ニ寒国移住ノ儀難渋ノ旨申出候」、すなわち温暖な八丈島で生まれ育った一類は、北陸の「寒国」移送に「難渋」を申し立て、これを拒んだのである（傍線部）。『南方海島志』[18]は八丈島を評して「気候ハ春夏秋ノ三季アリテ冬ノ一季少ナ

シ」という。

したがって一類は当面、東京に留め置かれることになった。だが、彼らが「徒食」の状態では金沢藩としても財政負担がかさむ一方である。そこへ小松了従が現れた。

【史料8】によれば、了従への旧平尾邸跡地の譲渡とその開拓着手は明治三年八月、金沢藩が宇喜多一類の身柄を韮山県から引き取った頃のことらしい（傍線部A）。了従が一類を引き取ることになったのは、書面上は一類の扶助に出費のかさむ金沢藩の事情を慮った了従からの要請であるが（傍線部B）、あるいは一類の処置に困った金沢藩が了従に働きかけた可能性もある。

いずれにせよ、旧平尾邸の開拓が了従独力では覚束なかったことは事実であろう。明治三年八月、了従に下げ渡された荒蕪地は「都合九万八千四百坪余」[19]、旧平尾邸の一部とはいえ、その領域は広大であった。

人手不足に困った了従はそこで、明治三年十一月に至り、種々の条件をつけて宇喜多一類の身柄預りを願い出る。一類の居住地の問題、金沢藩の出費削減、一類の自立支援を一挙に解消できる妙手であると了従は主張した。【史料8】副書によれば、条件は以下の通り。

①一類の生活費用（「御賄」）として、当年＝明治三年分として一カ月に百五十両、明治四年から三年間は、一年に千五百両を正月・七月に下賜されたい。なお、閏月がある場合は、一年あたり千五百両の計算でひと月分の生活費用をこれに加えること。

②一類の移住にあたって夜具など当座の「暮シ向日用之品々」を用意するため、三百両の一時金を下賜されたい。

③一類の自立支援であるから、「地税上納」は免除されたい。

【史料9】によれば、これらの条件のうち一年あたり千五百両の生活費援助は実行されたらしい。また、一時金三百両は、翌年の【史料9】に「即今ノ所衣服等為調度金百五十両差遣」とあるから半額に値切られたが、これも履行されている。地税免除についてては他に明確な史料が見当たらないため、不明とせざるを得ない。ただ、一類を旧平尾邸に移した意図が【史料9】「追々開拓為致、相当ノ租税相納、永世活計ノ道為相立目途ニテ……」（＝開拓の結果いずれは地税を納め、自立できるように）と記される点から推せば、地税は免除の可能性が高い。

次いで一類が了従に引き取られた年月を考える。立石定夫氏の十一月説はおおむね妥当と思われるが、遺憾ながら典拠の記載を欠いている[20]。そこで典拠を探すと、明治七年八月付で了従が平尾邸跡地の払下げを求めた東京府知事大久保一翁宛の歎願書が浮かび上がる。【史料10】傍線部に従えば、立石説で確定できそうである。

【史料10】明治七年八月付小松了従歎願書[21]（部分。傍線部筆者）

御府下板橋宿平尾旧金沢藩邸地所之内、開拓之儀旧藩ヨリ去明治三年午五月中、以書附拙僧江被申附候ニ付、同年九月中ヨリ開墾取掛居候処、同年十一月浮田一族都合七拾壱人之養育方、拙僧江被申付、別於同所産業を為得可申目的にて（後略）

だが、この了従自身の証言にも議論の余地がある。たとえば、【史料8】では明治三年八月と記された平尾邸跡地開拓許可が、【史料10】では同年五月と、三ヶ月の齟齬がある。そこで新出【史料11】を見られたい。

【史料11】『御手留抄』十[22]（明治三年十二月二十日条。部分）

一、宇喜多一族身上生活方之儀ニ付、芝了従心付之趣申聞、可然仕法ニ付、別紙筆按之通申渡、勢子為致候可然
　与奉存候、

すなわち金沢藩の記録では、宇喜多一類引取に関する了従への申し渡しは、十二月二十日付である。

宇喜多一類の平尾邸移住は、【史料8】が提出された十一月以降、「宇喜多一族、今度平尾御邸之内居住相成候処」云々とある新出【史料12】の十二月二十日、すなわち【史料11】金沢藩から了従に一類の扶助が申し渡された日までの間で間違いない。ただし、了従の申し立てと、金沢藩の記録とではひと月の齟齬がある。考えられる可能性は、十一月に了従の扶助は開始されたが、金沢藩の正式な申し渡しが翌月にずれこんだ、という辺りであろう。

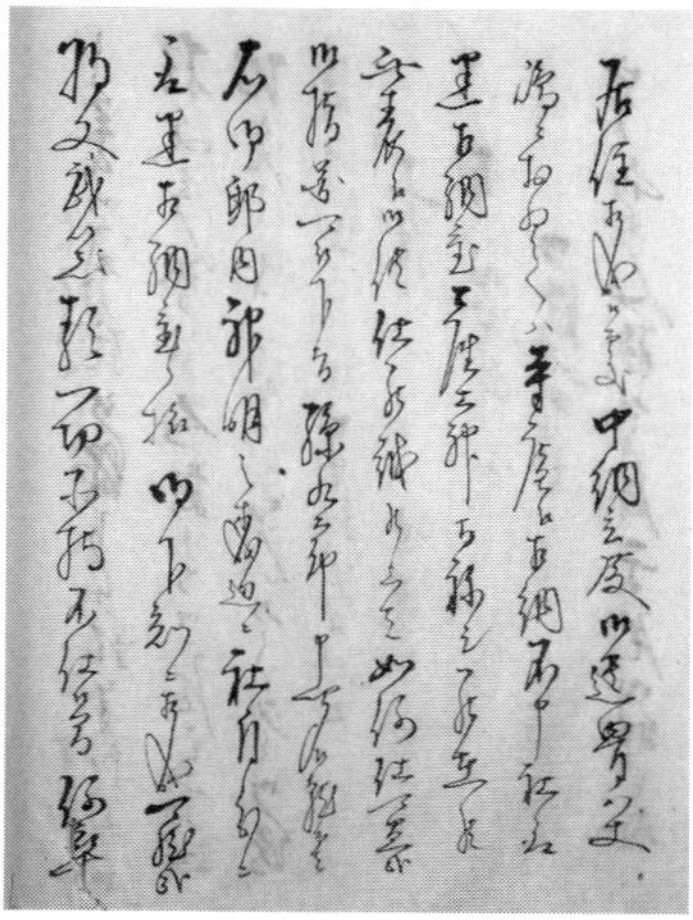

『明治四年雑録』
（明治3年）12月20日付
山本権少属伺写
（金沢市立玉川図書館近世史料館所蔵）

【史料12】（明治三年）十二月二十日付山本権少属伺写
（『明治四年雑録』）

宇喜多一族、今度平尾御邸之内居住相成候処、中納言殿（宇喜多秀家）御遺骨、八丈島ニおゐてハ寺庵江相納不申、社取運相納置産土神与称シ罷在候、此表江御供仕罷越候上者如何仕可宜哉、御指図可被下旨孫九郎申聞候、就而者右御邸内神明之森辺ニ社自分ニ運相納置候様、御下知ニ相成可然哉、将又武器類一切所持不仕候間、何卒銃鎗之内拝借仕

度旨孫九郎等申聞候、於彼地鎗御買揚御渡ニ相成候ハ、可然哉、猶更御詮議御座候様奉存候事、

十二月廿日　　山本権少属

ところで、【史料12】で宇喜多一類の惣領孫九郎は、金沢藩の役人山本権少属（未詳）を通じて二つの願出を行っている。

まず八丈島の秀家の遺骨について。秀家の遺骨は「寺庵」ではなく「社」に納め、「産土神」として島では祀ってきた。惣領孫九郎以下が東京へ移住した以上、どのように処置すべきか。孫九郎のこの申出につき、山本は平尾邸内の「神明之森」[23]辺りに社殿を設けて遺骨を移すのが穏当ではないか、詮議されたいと上申した。

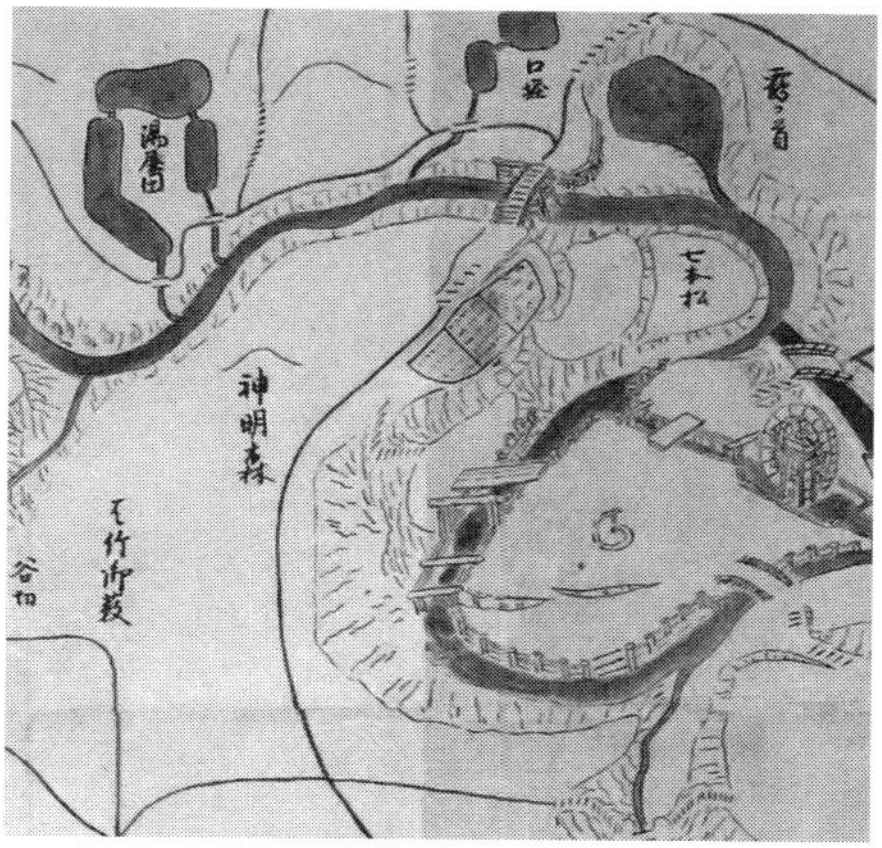

『御下屋敷惣御囲絵図』
※「神明森」周辺
（金沢市立玉川図書館近世史料館所蔵）

次いで「武器類」の拝借について。孫九郎以下は銃鎗の類は一切持ち合わせていないので金沢藩で購入して渡してはどうか、と山本はこの件も詮議を求めている。金沢藩は十二月二十二日、これに「勝手ニ任セ、自分ニ相弁候様申渡候ハ、可然」との許可を与えた[24]。その後の経過は追えないが、祖先の遺骨に関する孫九郎の願いは恐らく、板橋の浄土宗東光寺に現存の、宇喜多一類の建立にかかる秀家供養塔に結実したのではなかろうか。

なお、八丈島で「産土神」として祀られた秀家の社は、恐らくは【史料13】『八丈志』[25]にいう「休福の宮」、『浮田中納言秀家記』[26]に見える「休福明神」のことであろう。

【史料13】大原正矩『八丈志』上（部分）

○慶長の頃、宇喜多中納言秀家卿の一統を配せられしとありて、今大賀郷東里外、稲葉と云所に墳墓有、又小き宮在り、是を休福の宮といふ、幾年の星霜を経たれハ、おのつから物寂ひたる有様、古芸備の国侯たりし事も思ひ出されて、猶も哀れを催し、（後略）

以上、宇喜多一類の東京移住の経緯、すなわち東京到着後、彼らが前田家による北陸移送計画を頓挫させた新事実と、平尾邸開拓従事の経緯と年月（明治三年十一月ないし十二月）、そして、これも新たに惣領孫九郎による先祖秀家の遺骨改葬願を新出史料に基づいて指摘した。また、先行研究は、平尾邸開拓が前田家からの指示である点をのみ述べるが、本節ではこれが広大な荒蕪地開拓を持て余した了従からの願出に基づく可能性を指摘した。

五、板橋の地所下げ渡し

明治三年（一八七〇）十一月～十二月以降、宇喜多一類は小松了従のもと旧平尾邸開拓に従事することになった。【史料9】「四ヶ年目ヨリハ右開拓地ヲ以、自分ニ生活可為致心組ニ御座候」とある通り、彼らはいずれ開拓地を元手に自立して生計を立てるはずであった。

だが、開拓開始の翌年八月には三十人程が帰島願を出す（明治六年四月時点でも帰島には至らず）[27]など、一類の自立は予測通りには運ばなかった。さきに触れた通り、気候の相違や水あたりによって体調を損ねる者が続出したのである。浮田忠平・浮田小平治連名で金沢県に提出された願書には、「御府下トハ八丈島、季候モ相違仕、老躰並女子ノ者共、水当リ不快勝ニ御座候間、種々手当等モ仕候得共、何分爾々全快不仕、難渋仕候間」云々とその窮状が綴られている。(28) 惣領孫九郎は帰島希望者の説得にも努めたが不調に終わった。「今度忠平等ヨリ帰島願出候ニ付、得ト相糺候処、全不快ニ御座候間」云々とは孫九郎の言である。(29)

そこで残存史料から宇喜多一類の構成と具体的な帰島希望者とを突き合わせる。明治三年十月に八丈島に戻った村田助六を除くと、明治四年十月時点での東京在住宇喜多一類は〆て七十人、このうち帰島を願い出たのは二十八人である(30)（男女比はほぼ同等）。注目すべきは、浮田次郎吉・浮田小平次・浮田半七の三家は一家を挙げて帰島を希望した点であろうか。そして出島後一年弱のうちに、宇喜多一類の約三分の一が帰島を希望したという事実は、さきに見た「季候モ相違仕……」という窮状の申し立てを、気候の異なる地での開拓事業がいかに困難であったかを裏書きしていよう。

明治四年四月、金沢藩は【史料14】の通り、板橋の地所＝旧平尾邸の一部を、宇喜多一類に下げ渡したき旨を明治政府大蔵省に上申した。彼らの「永世活計ノ道」を切り拓くためである。なお、さきに見た【史料9】一類の東京移住経緯（北陸移送の拒絶等）は、【史料14】の叙述がそのまま書き継がれたものである。

【史料14】明治四年四月付（旧平尾邸跡地につき）金沢藩願書写(31)

一昨巳年（明治二年）中元八丈島流人浮田孫九郎等八宗（家）七十余人御赦免相成、当藩へ御引渡相成リ候付、昨午年（明治三年）八月引受、藩費ヲ以扶助イタシ置、イマタ産業モ無之候処、右ノ者共、元来暖地ニ出生仕、俄ニ北国寒冱ノ地へ移住ノ儀、甚難渋ノ趣、毎度嘆願仕居候、就テハ平尾屋敷地ノ儀、知事私邸ニ御座候処、多分ノ坪数モ有之候ニ付、一旦上地仕、更ニ相当ノ代金ヲ以、御払下ケ被成下候ハヽ、浮田一類并藩士ノ者、兼テ帰農願聞届候者等へ分配、開墾為仕、全ク本田畠ニ相成候節ハ一村ニ取立申度奉存候、尤右地所、浦和県管下ニ御座候間、同県高入ニ相成候得ハ、一廉ノ所益ニモ相成、浮田一類ノ者へ永世活計ノ道モ相立、藩費モ相減可申奉存候、右ノ通多年拝領ノ地所、本田畑ニ復シ、御高入ニ相成候得ハ、於知事難有次第奉存候、依テ別紙地図相添、更ニ御払下ケノ儀奉願候、以上、

辛未（明治四年）四月　　金沢藩

同年六月にも重ねて金沢藩知事前田慶寧が【史料14】とほぼ同文の願書を東京府に提出している。(32)【史料14】同様、該当の地所が浦和県管轄のため、宇喜多一類への下付に関し、同県に掛け合って欲しいという。この願出は受理され、九月二十四日に金沢県にその通達がなされている。

それから約半年後の明治五年五月、平尾邸跡地の地所（【史料17】面積「一万九千九百八十二坪六号二勺二才」）が、宇喜多一類に下げ渡された（【史料15〜17】）。しかしこの時点でも一類自立の目途は立っておらず（「指向開拓等手当無之難渋ノ由」）、前田慶寧から千円が与えられた（【史料15】）。また、しばらくは石川県（明治五年二月、県庁移転にともない金沢県から改称）から「月次御渡金」が渡されたらしい（【史料16】）。この金銭は恐らく【史料17】「石川県ヨリ請取候賄料残金百二十五円」に相当する（なお、援助金は石川県から政府・東京府を介して宇喜多一類へ渡されていたらしい）。

しかし、翌明治六年に入ると石川県からの援助金もなくなった。三月に至って前金沢藩知事前田慶寧（廃藩置県にともない明治四年七月十五日免官）は前年の千円が底を尽くのも時間の問題と見たらしい。具体的には当年分の「開

墾播種」までは何とか生活が成り立つだろうが、「秋熟」＝作物が収穫できる秋まで一類は持ちこたえられないと踏んだのである（【史料16】）。さらに宇喜多一類への援助金として五百円を東京府に差し出した（【史料16〜17】）。一類へは、東京府知事大久保一翁がこの五百円の下付願いを出した四月以降、援助金が渡されることになったと見たい。

【史料15】明治五年五月付東京府宛前田慶寧願書写(33)

記

千円　通貨

宇喜多一族活計ノ為メ、今般地所御下渡可相成御模様ニ候処、指向開拓等手当無之難渋ノ由ニ付、為扶助乍少分一時、右ノ通差出申度、右ハ兼テ戸籍寮ヨリ御談ノ趣モ有之候間、大蔵省へ御合議ノ上、御沙汰被下候様仕度、此段奉願候、以上、

壬申五月　　従三位　前田慶寧

東京府御中

【史料16】明治六年三月付東京府知事大久保一翁宛前田慶寧「浮田一族御扱之方へ出金伺(34)」等写

浮田一族御扱之方へ出金伺

去る明治五年五月、浮田一族之者共活計之為、地所御下渡可相成、其頃者石川県より月次御渡金も有之由ニ付、産業資本金御渡相成候ハヽ、速ニ恒産も可相立哉ニ付、出金之義戸籍寮ヨリ段々御内達之趣有之、精々繰合金千円一時可指出、尚納方之義伺置候処、右一族之者共、石川県より御引受方も彼是相晩れ候由ニ而、出金納方御指図も同年十一月ニ至り御談ニ付、乃当一月郷村掛江相納置候、然処当年ヨリハ石川県より御渡金も無之、前条千

金之資も自ら不足いたし候場ニ至り可申、猶五百円許御渡無之而者、恒産之義も無覚束、依而尚又出金之義、諄々御内談之趣ニ付、重而右金高指出可申ト奉存候、何方江相納可申哉、御指図御座候様仕度御座候、以上、

明治六年第三月　　従三位　　前田慶寧

東京府知事　大久保一翁殿

附書　書面之金、当府江可差出候事、　　印

記

一、金五百円　　前田慶寧　納

但、浮田一族之者共扶助トシテ差出候事、

右之書面之通、請取候也、

明治六年三月三十日　　東京府郷村取扱　印

【史料17】明治六年四月付太政官正院宛東京府知事大久保一翁上申書写(35)

正院御中　　東京府知事大久保一翁

従八丈島被召帰候浮田一類六十九人ノ者共授産ノ儀、兼テ大蔵省ヨリ指揮有之候通、元金沢藩邸内ニテ一万九千九百八十二坪六号二勺二才ノ地所、并石川県ヨリ請取候賄料残金百二十五円ト、前田慶寧ヨリ為扶助差出候金千円トハ割渡申候処、右ニテ開墾播種迄ハ差支無之候ヘトモ、秋熟迄ノ接続無覚束候故、其趣前田慶寧ヘ及内談置候処、猶又今般金五百円差出申候間、夫々分配致置候、仍此段御届申上候也、

明治六年四月

以後の宇喜多一類の動向は、史料不足によって充分明らかにはし得ない。しかし、地所の下げ渡し前後の様相から推して、一類の自立が当初の予定通り順調に運ばなかったことだけは確かである。事実、明治七年七月には、浮田半助・村田端之助が平尾邸跡地の開拓では「活計之道」が立たない、として家族を引き連れての八丈島帰還を願い出ている(36)。

以上、宇喜多一類への旧平尾邸跡地の譲渡と、同地の開拓が、浮田三分家が全員での帰島を願い出た点からも瞥見できるように、困難を極めた事実を、同時代史料に基づき具体的に指摘した。

六、小括

以上、慶応二年（一八六六）から慶応四＝明治元年（一八六八）における加賀藩前田家の八丈島支援事例、翌二年二月の宇喜多一類の赦免、そして翌三年八月に実現した一類の出島と東京での彼らの生活につき、時系列に沿って基本的な事実関係を叙述し来った。本章において初めて確認・指摘し得た知見のうち、主要なものを書き出すと以下の通り。

・加賀藩前田家による最後の八丈島送品は、慶応四年五月に明治新政府に願い出られ、同月許可されたこと（実行の有無は現在のところ不明）

・東京に到着した宇喜多一類七十余人は、当初金沢藩によって直ちに北陸（金沢藩内。恐らくは金沢周辺）へ移される計画があったこと。また、一類の拒絶によるその計画の頓挫という新事実

・明治三年十一月、宇喜多一類の身元引受にあたって小松了従が提示した各種の具体的条件
・明治三年十二月、惣領宇喜多孫九郎によって秀家の遺骨改葬が願い出られたこと（実行有無は不明）
・明治四年八月、宇喜多一類の約三分の一にあたる二十八名が八丈島への帰島を希望したこと

さて、明治五年五月、広大な旧加賀藩下屋敷＝平尾邸跡地の一部、板橋の地所を得た孫九郎以下の動向は、体系立った史料の残存に恵まれず、遺憾ながら詳細はわからない。[37]しかし、当初から困難を極めた平尾邸跡地の開拓＝自活の路が、一類への地所譲渡後も順調に進まなかったことは想像に難くない。

なお、示唆的な事実がある。明治二年八月二十日、「民産引立」のため東京府下諸藩邸跡地（「諸邸宅上地之分」）の「桑田茶園開墾」が太政官布告によって指示され、同六年三月には、政府が播種を勧めた桑・茶が百二万五千二百七坪余に植え付けられていた。しかしこれらの試みは明治七〜八年に不調、やがて中止のやむなきに至ったらしい。[38]宇喜多一類による旧平尾邸開拓については、具体的に彼らが何を植え付けたのかすら判然とせず、不明瞭極まりないのだが、その紆余曲折の背景には、単純に八丈島から移住したという彼らの特殊性だけではなく、東京府下における勧農政策と同様、何らかの構造的問題があったとも考えられる。

註

（1）『加賀下屋敷跡払下文書』中仙道板橋宿（板橋区教育委員会、一九七〇年）、立石定夫『戦国宇喜多一族』（新人物往来社、一九八八年）、『板橋区史』資料編四近・現代（一九九七年）「解説」。

(2)『加賀藩史料』藩末篇下巻（前田育徳会、一九五八年）五八九～五九一頁。

(3)国立公文書館所蔵『公文録』明治元年・第二十一巻・戊辰一月～六月・諸侯伺（前田加賀守慶寧）。以下、本文に引用する『公文録』はいずれも国立公文書館デジタルアーカイブスにて閲覧可能である。なお、本史料は拙稿「『宇喜多秀家』執筆の背景と幾つかの史料紹介」（『宇喜多家史談会会報』六五、二〇一八年）において新出史料として翻刻・紹介した。

(4)この赦免通達は東京都公文書館所蔵、近藤富蔵『八丈実記』二一（活字本は『八丈実記』四、緑地社、一九七一年）ほか種々の文献に引かれるが、ここでは国立公文書館所蔵『公文録』明治元年・第二十二巻・戊辰七月～己巳六月・諸侯伺（前田加賀守慶寧）に拠った。

(5)加越能文庫所蔵『京都一件』。ほぼ同文の史料が同上所蔵『京師・御国へ之御用状繋』にも見える。前掲註（2）『加賀藩史料』藩末篇下巻九八九～九九〇頁。

(6)不明点が多いが、韮山代官から韮山県権知事に転じた江川英武（太郎左衛門）が、廃藩置県に至るまで従前通り伊豆七島を管轄したようである。樋口秀司編『伊豆諸島を知る事典』（東京堂出版、二〇一〇年）等を参照。

(7)前掲註（5）『京都一件』。

(8)前掲註（4）『八丈実記』二一。

(9)金沢藩改称や前田慶寧の藩知事就任の経緯等は、日置謙編『石川県史』四（一九三一年）第一章第一節、『金沢市史』通史編二・近世（二〇〇五年）第五編第二章第二節（徳田寿秋氏執筆）等を参照。

(10)加越能文庫所蔵『御手留抄』六（明治三年八月二十九日条）。

(11)葛西重雄・吉田貫三『増補四訂八丈島流人銘々伝』（第一書房、一九九五年。初版一九六四年。三九頁）および前掲註（1）立石著書（四〇七頁）は、八月十一日に出島、同月十四日に相模浦賀着、同月十六日に品川入港、同日鉄砲洲に上陸と記す。また、葛西・吉田著書は、鉄砲洲上陸後の宇喜多一類が「数日旅館に投宿」したのち法真寺に「五十数日」

滞在したといい（三九頁）、立石著書もまた同様に、鉄砲洲上陸後「五日余り旅館に投宿」を経て「五十余日」法真寺に滞在したと記す（四〇七～四〇八頁）。また、前掲註（1）『板橋区史』は、「浮田一類八家七五人は、明治三年八月一一日に八丈島を出発、一四日浦賀着、江川太郎左衛門を通じて前田家に引渡され、前田家由縁の本郷法真寺に預けられ、その後霊岸島東湊町伊勢屋庄次郎方に移った」とする（九二〇頁）。

(12) 加越能文庫所蔵『問遣方往書』。
(13・14) 国立公文書館所蔵『公文録』明治二年・第百六巻・己巳六月～辛未七月・金沢藩伺（一）。
(15) 大西著書⑤、拙稿「新出史料に見る明治三年の宇喜多一類」（『宇喜多家史談会会報』六四、二〇一七年）。
(16) 加越能文庫所蔵『明治四年雑録』。
(17) 国立公文書館所蔵『公文録』明治五年・第十五巻・壬申三月・大蔵省伺二。
(18) 前掲註（4）『八丈実記』五。活字本は『八丈実記』二（緑地社、一九六九年）を参照。
(19) 前掲註（1）『加賀下屋敷跡払下文書』No.2「第一次払下願書」。なお、土地の下賜年月は同上No.7明治七年二月四日付小松了従願書には明治三年五月とある。前掲註（1）『板橋区史』九一七頁もあわせて参照のこと。
(20) 前掲註（1）立石著書四〇九頁。
(21) 前掲註（1）『加賀下屋敷跡払下文書』No.8明治七年八月「払下歎願書」。
(22) 前掲註（10）『御手留抄』十（明治三年十二月二十日条）。
(23) 大西著書⑤・拙稿「新出史料に見る明治三年の宇喜多一類」では、「神明之森」を「未詳」としたが、本文（および図版）の通り、これは平尾邸内の一区画を指す。
(24) 前掲註（10）『御手留抄』十（明治三年十二月二十二日条）。
(25) 国立公文書館内閣文庫所蔵、大原正矩『八丈志』上。
(26) 国立公文書館内閣文庫所蔵『浮田中納言秀家記』。

(27) 明治六年（一八七三）四月付太政官正院宛東京府知事大久保一翁上申書（本文【史料17】）に「従八丈島被召帰候浮田一類六十九人ノ者共授産ノ儀」云々と見え、この時点でも六十九人の東京在住が確認できる。

(28・29) 国立公文書館所蔵『公文録』明治五年・第十五巻・壬申三月・大蔵省伺二。

(30) 明治四年（一八七一）十月付「浮田一類人員調書」（国立公文書館所蔵『公文録』明治五年・第十五巻・壬申三月・大蔵省伺二）。

(31) 国立公文書館所蔵『公文録』明治五年・第十五巻・壬申三月・大蔵省伺二。

(32) 前掲註（2）『加賀藩史料』藩末篇下巻所収「御達伺等」（一三六四頁）。

(33) 国立公文書館所蔵『公文録』明治五年・第十五巻・壬申三月・大蔵省伺二。なお、同文の史料を収める加越能文庫所蔵『浮田家一件』は、これに「願之通聞届相成候条、此旨相達候事」との記載を付す。

(34) 加越能文庫所蔵『浮田家一件』。

(35) 国立公文書館所蔵『公文録』明治六年・第百九十七巻・明治六年三月～四月・東京府伺録。

(36) 国立公文書館所蔵『公文録』明治七年・第七十五巻・明治七年十月・内務省伺（三）。前掲註（1）『板橋区史』七三～七六頁。

(37) 目下のところ断片的ながら子孫の記憶（浮田丈夫『封じ込められた宇喜多秀家とその一族』文芸社、二〇〇〇年。宇喜多秀臣「子孫として秀家公を偲ぶ」『宇喜多家史談会会報』二五、二〇〇八年）等に拠るほかない。

(38) 東京市役所編『東京市史稿』遊園篇四（東京市役所、一九三二年）一二六～一四〇頁、東京百年史編集委員会編『東京百年史』二（東京都、一九七二年）一〇四三～一〇四四頁（石塚裕道氏執筆）。

終章　総括

本書では、加賀藩前田家と関ヶ原敗戦後の宇喜多秀家、および八丈島宇喜多一類との関係や両者の具体的動向を、確かな史料に基づいて検討した。最早この両者の関係を、従来のように不確かな伝承をもとに、それも「美談」(1)として観念的に語って片付けることは許されないであろう。

しかし、本書における議論の歴史学的意義がどこにあるのか。個別実証を積み重ねて宇喜多一類の動向を精確に知ることが我々にとってどのような意味をもつのか。冒頭「はしがき」に述べた通り、加賀藩関係史料の新たな活用事例には相違ないが、その部分の説明不足は覆い難いのではないか。充分な回答をするには力量不足を痛感するが、この研究が徒矢に過ぎない議論でないことを確かめるべく、卑見を示して本書を締め括りたい。

まず、没落後の宇喜多氏を考えること自体の意義である。この作業には、織豊期大名権力宇喜多氏を総体的に把握するための、戦略的階梯という位置づけを与え得るであろう。没落後の動向から遡及して、宇喜多氏権力の一側面を垣間見ることも、あるいは無理筋ではあるまい。加うるに、関ヶ原敗戦にともなう没落大名の動向を、明治維新に至る長期的な時間軸のなかで、子孫による自家の来歴追求や祖先顕彰ではなく、客観的・実証的に跡づけた、ほとんど唯一の議論といえるのではないか。

結果、浮き彫りになったのは、宇喜多一類がまとう稀有の特殊性であった。

・被治者たる政治的地位を失った大名本人（宇喜多秀家）のみならず、その子々孫々が明治維新に至るまで配流地において徳川幕府の管理下に置かれたこと
・宇喜多一類は、流罪人であるにも関わらず、配流地において自己完結せず（八丈島の地域社会の枠内にとどまらず）、外的契機＝主に加賀藩前田家との関係を維持して、その生活を補完していたこと
・近世を通じてその動向を実証的に議論し得る同時代史料が残存していること

この特殊性は以上の三点に要約できよう。この条件を具備する、没落大名の事例は宇喜多氏以外には存在しまい。強いて挙げれば、関ヶ原合戦後、高野山に流された真田昌幸・信繁父子の事例が、秀家のそれに近かろうが、周知の如く信繁が大坂の陣に加わって戦死することで、この流罪人の系譜はわずか十五年にして断絶した。地理的に大坂の陣への参戦や、他大名への再仕官が不可能であった八丈島の秀家はやはり、類例のない特殊な没落大名である。だからこそ、大田南畝や松浦静山はその随筆筆記(2)に彼らの消息を綴らずにはいられなかった。本書の意義は、宇喜多一類のかかる特殊性を改めて確認し、これを明快に浮かび上がらせた点それ自体にも存するといえる。

本書の意義はさらに、加賀藩前田家等による八丈島支援の総体を具体的に確定した点をもって、その事実を正しく評価する手掛かりと、なぜ加賀藩が長年にわたって八丈島に各種の支援を続けたのか、という問題を解く糸口を与えたことにも求められよう。

目下のところ筆者の調査に基づく加賀藩の支援は近世を通じて【表1】七十六回を数える（遭難による不着事例も含む）。なぜ支援が途絶えなかったのか、加賀藩の視角からその理由を考えると、私見は次の三点に整理できよう。

【表Ⅰ】加賀藩前田家による八丈島支援事例一覧

送品No.	送付年	章
1	慶長14(1609)?	序章
2	寛永8(1631)	序章
3	寛永18(1641)	序章
4	明暦2(1656)	第一章
5	延宝9(1681)	第一章
6	天和3(1683)	第一章
7	貞享1(1684)?	第一章
8	元禄3(1690)	第一章
9	元禄6(1693)	第一章
10	元禄9(1696)	第一章
11	元禄11(1698)	第一章
12	元禄14(1701)	第一章
13	元禄16(1703)×	第一章
14	宝永元(1704)	第一章
15	享保2(1717)	第一章
16	享保4(1719)	第一章
17	享保5(1720)×	第一章
18	享保6(1721)	第一章
19	享保7(1722)	第一章
20	享保8(1723)?	第一章
21	享保9(1724)	
22	享保12(1727)	
23	享保13(1728)	第二章
24	享保14(1729)?	第二章
25	元文1(1736)×	第二章
26	元文4(1739)	第二章
27	寛保2(1742)	
28	寛保3(1743)	
29	延享1(1744)	
30	延享3(1746)	第二章
31	寛延1(1748)	第二章
32	寛延2(1749)	
33	宝暦2(1752)	
34	宝暦4(1754)	
35	宝暦7(1757)	
36	宝暦8(1758)	第二章
37	明和7(1770)	
38	安永3(1774)	
39	安永5(1776)	
40	寛政4(1792)	第二章
41	寛政8(1796)①	第二章
42	寛政8(1796)②	第二章
43	寛政10(1798)	
44	寛政12(1800)	
45	文化5(1808)	第二章
46	文化7(1810)	第二章
47	文化9(1812)	第二章
48	文化11(1814)	
49	文化13(1816)	第二章
50	文政5(1822)×	
51	文政6(1823)	
52	文政7(1824)	
53	文政9(1826)	
54	文政11(1828)×	
55	文政12(1829)×	
56	天保元(1830)	
57	天保3(1832)	
58	天保5(1834)	第二章
59	天保7(1836)	第二章
60	天保8(1837)	第二章
61	天保9(1838)	
62	天保12(1841)	
63	天保13(1842)	
64	弘化1(1844)	
65	弘化3(1846)	
66	嘉永1(1848)	
67	嘉永3(1850)	
68	安政1(1854)	
69	安政3(1856)	
70	安政5(1858)	第二章
71	万延1(1860)	
72	文久2(1862)	
73	元治1(1864)	
74	慶応2(1866)×	第三章
75	慶応3(1867)	第三章
76	慶応4(1868)	第三章

※No.1は芳春院による送品、No.2は音信事例（送品有無は不明）
※「送付年」：筆者の推定には?、遭難等による不着事例には×を付す
※「章」：本書で検討ないし言及した事例には該当箇所（章）を記す

・加賀藩前田家は、宇喜多一類を流罪人（政治的罪人）というよりも、むしろ「藩祖」前田利家の親族、藩主家の親族として敬意を払って対応していた形跡が見られること
・したがって「見届」「助成」「合力」等と称される宇喜多一類への支援は、縁戚関係の公家や関係の深い寺社等に対するそれと一連・同種のものと見なし得る可能性をもつこと
・また、この支援は前田綱紀施政期に幕府を巻き込んで慣例化し、以後その当事者（加賀藩前田家・幕府・宇喜多一類）の関係性に特段の変化がなかったため、永続化したと推断できること

より詳しく述べておく。一点目、加賀藩前田家の宇喜多一類への認識については、たとえば、第一章で取り上げた加賀藩の贈答記録（寺岡与兵衛『明暦弐年甲閏四月ゟ同三年酉四月迄、中納言様《（前田利常）》御在国中御進物帳』(3)）に「八丈島小平次様」と現れる点を例証に挙げ得る。

この明暦二年（一六五六）から翌年にかかる記録に「様」付で書き留められるのは、将軍家、加賀藩主やその係累に限られ（「公方様《（徳川家綱）》」、「加賀守様《（前田綱紀）》」、「清泰院様《（前田光高正室）》」等）、老中以下の幕閣、諸大名はいずれも「殿」付に過ぎない（「酒井雅楽殿《（忠清）》」、「松平伊豆殿《（信綱）》」等）。これは浮田小平次（秀家の末子）が、明らかに加賀藩において藩主の親類として認識されていた事実を物語る（小平次は当時存命の前藩主前田利常から見れば甥に相当する）。

時代が下ってもこの認識は不変であったらしい。歴代の物領や分家の当主に対する「様」付慣例は継続する（『八丈島一件』・『八丈実記』(4)等）。宇喜多一類自体に対しては「浮田殿一類中」（『前田貞親手記』・『御留守中日記』(5)）・「八丈島浮田御一家」（『中川長定覚書』(6)）等々「殿」付ながら、加賀藩士にとって彼らは敬意を払う対象であり続けた。算用場奉行・近習御用などを務めた加賀藩士富田貞章（織人。一七五五～八九）の雑記録『袂草』(7)も参照してお

く。富田は「闕字考」として由緒帳・遺書等における欠字・平出の作法を整理しているが、歴代藩主（「御代々様之御名」）や将軍家（「徳川家御代々」）と並んで「宇喜多中納言《（秀家）》殿」が登場する。すなわち「一、宇喜多中納言殿欠字及間敷候哉、浮田家ニ罷在候なと、調可然候」とわずかながら、秀家への言及にあたって特段の配慮は必要ない、という一文である。欠字・平出の対象でこそないが、この考証に「宇喜多中納言殿」が敢えて現れる点は注視に足るであろう。関ヶ原合戦以前の武家として富田がここに挙げたのは、室町幕府の将軍家（「京都将軍」）と織田信長・豊臣秀吉、そして秀家のみである。

按ずるに、加賀藩とその藩士にとって宇喜多一類＝宇喜多秀家とその係累は、近世を通じて特別な敬意の対象であり続けた。

宇喜多一類にすれば、加賀藩に縋る目的は唯一、自らの生存のためであった。白米送付願の文言、たとえば「毎度以御慈悲御合力米頂戴存命仕罷在候」（『参議公年表』[8]）、「弥御慈悲を以一類共御救被下候様ニ奉願候」（『浮田家一件』[9]）に象徴的であるように、近世を通じて彼らは加賀藩前田家の「慈悲」に頼って生活を維持する存在であった。

ただし、第一章で述べた通り、白米送付願は毎年の如く繰り返されていた。加賀藩はときに「又候」と呆れ、宇喜多一類もあえて「又候」と断って白米の要求することもあった（『浮田家一件』・『中川長定覚書』[10]）。一類の主張がすべて実情を精確に表したものか、という点には疑義を差し挟む余地がある。これも第一章での指摘事項、白米の送付があくまでも宇喜多一類から願出があった場合に限るという前提を見落としてはならない。この事実から推せば、飢饉や疫病といった願出に足る状況がなければ、一類は食物等を自ら調達し得る、という理屈になる。

そもそも宇喜多一類がどのように生活の資を得ていたのか。この問題は全く不明裡にあるといっていい。先行研究も一類の生業には、ほとんど言及しない。流罪人という境遇上、その生業の有無を論じる必要自体が想定され得なかったためか、わずかに尾佐竹猛氏が「浮田秀家一族ノ如キハ八丈島始メテノ流罪ナリシヲ以テ困苦特ニ甚タシク、衣食ニモ欠乏シタルヲ以テ、詮ナク苫ヲ織リ、或ハ漁業ヲ営ミ僅ニ飢寒ヲ凌クニ止マレリ」[11]、立石定夫氏が「浮田流人は苫を編んで生計を立てていたようである」[12]と述べる程度である。苫については、編纂史料『浮田中納言秀家記』[13]に、恐らく秀家を指した一条「一説に八丈にて苫をあミいとなミとす、浮田苫といふて賞玩すといふ」を踏まえた叙述であろうか。もっとも、この「浮田苫」には信憑し得る史料を見出し得ず、これも典拠不明の「漁業」と同様、議論の仕様がないのが現状である。

幕府・代官あるいは島役人から各種物資の支給があったか否かも判然としない。わずかに享保三年（一七一八）六月付で宇喜多一類が加賀藩に提出した白米送付願に「去年田作・麦作共不宜所及困窮候故」（『参議公年表』[14]）、同じく寛政七～八年（一七九五～九六）の疱瘡流行時の白米送付願には「一統農業も相怠り打続候不作ニ而飢難困窮仕候」[15]といった文言が見出せるから、規模こそ不明だが、彼らは田畑を有していたらしい。耕作用と思しき牛（および牛屋）の保有や（次掲【表3】）、明治二年（一八六九）の赦免時に、加賀藩が仕入れた彼らの情報（「平小百姓之躰」[16]）からもこの理解は成り立つ。

その他、宇喜多一類は織布を行っていた。その事実は、寛延二年（一七四九）、斎藤直房（喜六郎）から山本親行（平八郎）への代官交替の際、一時的に八丈島支配を預かった「駿府御代官」大屋明薫（杢之助）方からの「浮田一類之内ニ蚕屋持候者相見江候、是者手織ニ斗用候哉、又ハ上納売買ニも織出候や」との下問に対する島方の回答「浮田流人蚕家儀御尋ニ御座候、是ハ上納物一切織不申候」[17]から明らかにできる。この回答では目的が判然としないが、仕立てた絹布は、自家消費に加え、現金化ないし食料との交換に用いられたと考えて大過あるまい。

以上から確認できる宇喜多一類の生業は、野良働きと織布であり、しかも彼らは、その流罪人という立場上、貢租

（少なくとも絹織物の上納）を免除されていたらしい。この事実は、他の島民に比べ、一類がむしろ相対的に裕福であったとの見方をさえ導き出せる。白米送付願の主張を洗うだけでは、一類の生活状況には決して迫り得ないのである。

次掲の【表2〜3】は元文四年（一七三九）・寛保三年（一七四三）時点における宇喜多一類の構成である（『八丈島一件』）。【表2】には（他氏から娶った）各家当主等の妻女や、村田氏（宇喜多秀家に随行した村田助六の子孫）が現れないが、試みに彼らが年齢に関わりなく個別に同量の白米分配をうけたと考えると、当時の送付量＝四斗入七十俵（二十八石）を三十三人で除算して、およそ八升五合となる。【表3】も同様に算出すると一人あたり五升である。隔年の各種物資と同時に、あるいは同様に二年に一度、白米が送られたと仮定すれば、この分量で二年間生命を維持するのは至難といわざるを得ない（別の食物等との交換や換金を行わず、たとえば一日一合を雑穀と混ぜて消費[18]したとしても八十五日ないし五十日で払底する）。

旧来の通説は、宇喜多一類は加賀藩から一年おきに白米等の支援を得て生活を営んだ、という程度の認識に過ぎない。「家系連綿して世々前田家より恩施ありし米穀・金幣等の施物を以て数百年の間家族を養育し、島地に暦世男女共に徒食して星霜を経たる」「前田家より運送せらる、米穀・金幣等を以て活計を立て」云々という、明治期における森田柿園の所見[19]が、多少語句の表現を改められこそすれ、現在もなお通説的理解を成しているといっていい。一類の生業有無も考慮されておらず、白米の送付が条件付きの特例であった事実も知られていなかった。端的に言えば、一類の食物は、二年に一度（あるいは時折）支援される四斗入七十俵の白米でしかない、というのが従来の基本的理解であった。

そして、かかる誤解や認識不足が、先行研究が繰り返し指摘する八丈島の人口の多さと田畑の僅少さに基づく慢性的な食糧不足事情や、史実認定の難しい「米のめしの白きを腹一はい喰て死度事也」（『落穂集』）[20]といった秀家の窮迫伝説と結び付き、貧困に苦しむ宇喜多一類という印象を、必要以上に強調する方向に働いたと見ていい。「秀家はじめその後の一族は、前田家から隔年に送られる七十俵の米に生活の依存をし続けた」[21]・「長期にわたる宇喜多一族の流人生活を支えたのは、豪の実家前田家からの物品の援助による」[22]といった旧来の一般的理解は、印象批評に過ぎない。冒頭に挙げた「美談」とは、宇喜多一類の主張と加賀藩前田家の行為とを、さしたる根拠もなく飛躍的に強調し、ことさらに両者の関係を理想化した結果生じた虚構であって、だからこそ、このような旧弊を、少なくとも彼

【表2】元文4年（1739）における宇喜多一類の構成

No.	家名	人名	年齢	備考
1	宇喜多孫九郎	宇喜多孫九郎	34	惣領家4代
2	〃	ゆわ	3	孫九郎の子
3	浮田忠平	浮田忠平	36	
4	〃	浮田太郎	15	忠平の子
5	〃	浮田三郎	9	忠平の子
6	〃	あつは	12	忠平の子
7	〃	なか	4	忠平の子
8	—	れん	31	浮田藤松の子
9	浮田半平	浮田半平	42	
10	〃	まつ	17	半平の子
11	〃	たよ	3	半平の子
12	浮田次郎吉	浮田次郎吉	54	
13	〃	浮田茂吉	33	次郎吉の子
14	〃	浮田次郎	11	次郎吉の子
15	〃	浮田三郎	3	次郎吉の子
16	〃	によこ	26	次郎吉の子
17	〃	なか	18	次郎吉の子
18	〃	てこ	15	次郎吉の子
19	〃	ちいろう	8	次郎吉の子
20	浮田小平治	浮田小平治	68	
21	〃	浮田小平	33	小平治の子
22	〃	浮田庄四郎	31	小平治の子
23	〃	浮田平十郎	23	小平治の子
24	〃	すま	41	小平治の子
25	〃	すみ	27	小平治の子
26	浮田半六	浮田半六	52	
27	〃	浮田福三郎	26	半六の子
28	〃	浮田義助	20	半六の子
29	〃	浮田千之助	15	半六の子
30	〃	つよ	24	半六の子
31	〃	浮田乙次郎	25	半六の子（「別腹悴」）
32	浮田半七	浮田半七	35	
33	—	なか	31	浮田半四郎の子

※「宇喜多一類共人数之覚」（石川県立図書館森田文庫『八丈島一件』）に拠る

【表3】寛保3年（1743）における宇喜多一類の構成

№.	家名	人名	年齢	所有家屋等	備考
1	宇喜多孫九郎	宇喜多孫九郎	38	居室、台所、蔵	惣領家4代
2	〃	母某	70		孫九郎の母。他氏(「侘姓」)
3	〃	孫助	2		孫九郎の子
4	〃	ゆわ	7		孫九郎の子
5	浮田忠平	浮田忠平	40	居室、牛屋(牛1疋)	
6	〃	女房某	41		忠平の妻。他氏(「侘姓」)
7	〃	浮田太郎	19		忠平の子
8	〃	浮田三郎	13		忠平の子
9	〃	浮田四郎次	4		忠平の子
10	〃	あつは	16		忠平の子
11	〃	なか	9		忠平の子
12	浮田半平	浮田半平	46	居室、蚕屋、蔵、牛屋(牛3疋)	
13	〃	女房某	47		半平の妻。他氏(「侘姓」)
14	〃	浮田半助	5		半平の子
15	〃	ち〆松	21		半平の子。表1「まつ」カ
16	〃	ふと	7		半平の子。表1「たよ」カ
17	浮田次郎吉	浮田次郎吉	59	居室、蔵、牛屋(牛1疋)	
18	〃	女房某	51		次郎吉の妻。他氏(「侘姓」)
19	〃	浮田太郎	26		次郎吉の子
20	〃	浮田次郎	14		次郎吉の子
21	〃	なか	23		次郎吉の子
22	〃	てこ	19		次郎吉の子
23	〃	ちいろう	11		次郎吉の子
24	浮田小平治	浮田小平治	72	居室、牛屋(牛1疋)	
25	〃	女房某	29		小平治の妻。他氏(「侘姓」)
26	〃	浮田幸大夫	37		小平治の子。表1「浮田小平」カ
27	〃	浮田惣四郎	36		小平治の子。表1「浮田庄四郎」カ
28	〃	浮田小十郎	27		小平治の子。表1「浮田平十郎」カ
29	〃	浮田小市郎	2		小平治の子
30	浮田半六	浮田半六	56	居室、蚕屋、蔵、牛屋(牛1疋)	
31	〃	女房某	55		半六の妻
32	〃	浮田義助	24		半六の子
33	〃	浮田千之助	19		半六の子
34	〃	浮田太郎	29		半六の子(「別腹忰」)。表1「浮田乙次郎」カ
35	〃	つよ	28		半六の子
36	〃	はなミや	22		半六の子

No.	家名	人名	年齢	所有家屋等	備考
37	浮田半七	浮田半七	39	居室、蔵、牛屋(牛1疋)	
38	〃	女房某	34		半七の妻。他氏(「侘姓」)
39	〃	浮田半四郎	5		半七の子
40	村田助六	村田助六	85	居室、蔵、牛屋(牛1疋)	
41	〃	村田助四郎	32		助六の子
42	〃	かつ	41		助六の子
43	〃	によこ	3		助六の「孫娘」
44	村田庄次兵衛	村田庄次兵衛	65	居室、蚕屋、蔵、牛屋(牛1疋)	
45	〃	女房某	61		庄次兵衛の妻
46	〃	村田佐助	40		庄次兵衛の子
47	〃	てこ	31		庄次兵衛の子
48	〃	きく	18		庄次兵衛の子
49	〃	こよし	71		庄次兵衛の姉
50	〃	こまき	34		佐助の妻。他氏(「侘姓」)
51	村田源五郎	村田源五郎	61	居室、蔵、牛屋(牛1疋)	
52	〃	村田源七	26		源五郎の子
53	〃	たき	34		源五郎の子
54	〃	ちいろう	30		源五郎の子
55	〃	たま	28		源五郎の子
56	〃	あつは	80		源五郎の姉

※「人別明細帳」(石川県立図書館森田文庫『八丈島一件』)に拠る
※他家に嫁いだ女性(「同姓女侘江縁辺仕候分」)として、この他12人の記載あり
※「蚕屋」は養蚕・機織用の小屋と考えられるが、八丈方言で台所を意味する「養屋(かいこや)」の可能性もある

らを歴史的文脈のなかに見出すならば、我々は直ちに改めなければならない。

事実は右の通り、宇喜多一類の生活は他の島民に比べればむしろ恵まれたもので、残存史料からは飢饉・疫病等による一時的な困窮は垣間見えても、その状態が恒常的であったことを立証するのは極めて難しい。さらに近年、木下光生氏が指摘[23]するように、近世の村社会における「貧困」状況の定義やその実証自体が至難である点を踏まえれば、従来の史的理解ははなはだ一面的であるといわざるを得まい。秀家とその二人の子息とその従者村田助六の子孫が、歳月を追って漸増した事実はまた、窮乏とは正反対の彼らの生活を類推させるに充分であろう。

加賀藩も、このような宇喜多一類の実態を、不正確ではあっても把握していた

と見て大過ない。少なくとも十八世紀初頭以降、各家宛の金子・物品や白米の量が固定化するが、それは各家の人員構成の変化、一類の漸増傾向の無視に他ならない。第二章で見た通り、多少の例外はあっても、加賀藩が重視したのは、一類の現実的救済よりも前例の墨守にこそあったと言い得るのではなかろうか。

議論がやや脇道に反れたが、通説的理解よりも恵まれた生活を送っていたとはいえ、宇喜多一類は、加賀藩に援助を求めて生活を全うする（さらに踏み込んでいえば、その生活を補完し、より豊かにする）、という存在形態の基調を明治維新まで貫いたのである。

幕府への提出書面（白米送付許可願書）には「浮田一類共」[24]と記す点で、加賀藩の幕府への遠慮は明らかである。宇喜多一類もその立場に沿って白米送付願等に自らを「一類共」と表現する。しかし、加賀藩内部では一類を、藩主の一族として敬意を払い、歴代藩主もまた「藩祖」前田利家とその正妻芳春院の子孫たる一類に対し、そうした認識と由緒を根拠に、長年にわたる扶助を続けたのである。

だが、こうした片務的な関係を加賀藩前田家はなぜ解消しなかったのか、今少し補強材料が必要であろう。そこで二点目の補足に入る。

たとえば、前田綱紀の娘にして、元禄十一年（一六九八）に公家二条吉忠（一六八九〜一七三七。関白左大臣）に嫁いだ泰真院（直姫・栄君。一六九三〜一七四九）には、加賀藩から毎年支援が行われたが、享保十七年（一七三二）の事例でいえば、八講布や加賀染等の反物や奉書紙が、家老役津田敬脩（玄蕃）および「栄君様御附」を勤める在京藩士斎藤邦基（忠太夫）を介して送られている（『中川長定覚書』[25]）。幕府・代官との折衝を除けば、宇喜多一類への支援と大きく異なる点はない。むしろ支援という点では両者の手続きには近似性を覚える。千葉拓真氏は、加賀藩前田家と二条家を始めとする公家との「通路」（交際）を詳しく検討するなかで、公家への支援やその継続の背景に「先祖とのつながりや由緒」の存在を挙げ(26)、かかる「通路」形成によって「大名家は自家の活動に必要な要素を補完した」と指摘(27)した。前述の通り、加賀藩にとって一類の支援に功利的側面は存在せず、「自家の活動」を「補完」する要素はない。しかし少なくとも、「先祖とのつながりや由緒」を重要な一背景として加賀藩が公家を支援し続けた、という千葉氏の見立ては、一類の場合にも適用できるのではないか。

つまり加賀藩前田家による宇喜多一類の支援は、必ずしも歴史的・制度的孤例ではなく、大名家における縁者の扶助という近世的慣習の枠組みでも、けだし捕捉が可能と筆者は考えている(28)。この見方でいけば、一類は、加賀藩による公家や寺社等、複数の助成・合力＝支援対象の一つに過ぎない（しかも公家や寺社への扶助よりはるかに手薄い）。その支援対象のうち、一類のみを除外・解消するにはそれ相応の理由、たとえば一類の断絶などが必要であろうが、明治維新まで両者の関係性に特段の変化はなかった。従って、支援も途絶えることがなかった、と考えることができる。

加えて、第三の点も見落としてはならない。支援の慣例が幕府を巻き込んで形成された事実である。前田綱紀施政期における送品慣例の定着以降、加賀藩・宇喜多一類に加え、支援に介在する幕府・八丈島代官の関係性は残存史料を見る限り、ほとんど不変であった。こうした関係各所の揺るがぬ関係性こそが、支援の永続化を促したと見て大過ないであろう。

なぜ加賀藩は近世を通じて宇喜多一類の支援を続けたのか、という問題には、一先ずこのような解答を提示し、既述した本書の意義づけとあわせ、大方の御批判を俟ちたい。

註

（1）藤島秀隆「加賀前田家を彩った女性たち」（青山克彌『前田利家　栄光の軌跡』勉誠出版、二〇〇一年）一四三頁、同「豪姫伝承の謎―加賀藩の記録とその伝承―」（同『愛と哀しみの万華鏡　加賀藩の伝承文芸』北国新聞社、二〇〇九年所収。初出二〇〇四年）四二頁。

（2）大田南畝『一話一言』（『蜀山人全集』四、吉川弘文館、一九〇七年）、松浦静山『甲子夜話』三篇・五十一（『甲子夜話三篇四』平凡社東洋文庫、一九八三年）。序章・第二章を参照。

（3）加越能文庫所蔵。本史料にかかる以下の評価は、拙稿「明暦二年の浮田小平次」（大西著書④所収。初出二〇一五年）に基づく。

（4）石川県立図書館森田文庫所蔵『八丈島一件』所収、寛政八年（一七九六）二月二十八日付本多政行・長連起連署状写。東京都公文書館所蔵、近藤富蔵『八丈実記』二一（活字本は『八丈実記』四、緑地社、一九七一年）。『八丈島一件』に関しては第二章を参照。

（5）加越能文庫所蔵『前田貞親手記』元禄十一年（一六九八）六月八日条、同『御留守中日記』元禄十四年五月九日条。第一章を参照。

（6）加越能文庫所蔵『中川長定覚書』享保七年（一七二二）二月十八日条、同年三月九日条。第一章を参照。

（7）加越能文庫所蔵。

（8）加越能文庫所蔵『参議公年表』所収、享保三年（一七一八）六月付前田知頼宛宇喜多一類連署状写。第一章を参照。

（9）加越能文庫所蔵『浮田家一件』所収、享保十年（一七二五）八月二十四日付津田敬脩宛宇喜多一類連署状写。

（10）前掲註（9）『浮田家一件』所収、享保三年（一七一八）三月付前田知頼宛宇喜多一類連署状写、前掲註（6）『中川長定覚書』享保七年七月十一日条等。第一章を参照。なお、この点については、大西著書⑤においても言及した。

（11）明治大学史資料センター監修『尾佐竹猛著作集』一（ゆまに書房、二〇〇五年）所収『海南流刑史』（一九〇九年）

一八八頁。

(12) 立石定夫『戦国宇喜多一族』（新人物往来社、一九八八年）三八三頁。

(13) 国立公文書館内閣文庫所蔵『浮田中納言秀家記』。『大日本史料』一二―四（東京大学史料編纂所、初版一九〇三年）所収『浮田秀家記』（四七頁）。

(14) 前掲註（8）『参議公年表』所収、享保三年（一七一八）六月付前田知頼宛宇喜多一類連署状写。

(15) 前掲註（4）『八丈島一件』所収、寛政八年（一七九六）三月付宇喜多一類連署状写。第二章を参照。

(16) 加越能文庫所蔵『京都一件』所収、（明治二年（一八六九））二月十四日付本多政均宛岡田正忠書状写。第三章を参照。

(17) 前掲註（4）『八丈実記』五「御尋書御請控」。活字本は『八丈実記』一（緑地社、一九六四年）を参照。

(18) 確たる史料を欠くため、宇喜多一類の食生活については全く不明である。『八丈島誌』（八丈町役場、一九七三年）によれば「往時」（近世）における島民は麦や粟を煮た雑炊を常食としていたらしい（一八〇頁）。

(19) 森田柿園『金沢古蹟志』十一。引用は加越能文庫所蔵の柿園自筆本に拠った。

(20) 国立公文書館内閣文庫所蔵。序章を参照。なお、流罪後の秀家に関しては、史料不足を原因に、わずかな伝承が誇張されて語られる傾向が強い。また、伝承自体も年代を経るに従って飛躍するやに見受けられる。たとえば、本文に引用した『落穂集』の説話（全文は序章に掲出）が、秋山章『南方海島志』（寛政三年（一七九一）十一月自序。前掲註（4）『八丈実記』五）では「秀家官位ハ従三位権中納言、禄ハ四十七万四千四百三十石ナリシモ、八丈ニ在リテ島人ノ嘲弄シナブリニクムノ余リ艱苦ノ堪ガタサニ曰、存生ノ内今一度花房志摩カ所ニ行テ米ノ飯クロフテ死ナバ生前ノ思ヒテナラント朝暮悲シモ哀レニ覚エ侍ル」云々と、傍線部のような叙述が加わり、秀家の苦境がより甚だしく物語られている。なお、八丈島は商船の往来すら禁じられ（承応「定書」）、「豆州ヨリ東南ノ隅ニ当テ、日本ノ地ヲ離ル事百有余里」（有沢武貞『古兵談残嚢拾玉集』）と語られたように、近世の人々にとっては「日本」の外部、周縁に位置する異世界でもあった。その「日本」を追放された秀家は、恐らく近世の人々にすれば、哀れな境遇に落とされた悲劇の人物として理解されざるを得なかったのではないか。編纂史料に語られる秀家の窮迫伝説の過半は、恐らくこうした近世の人々の想像（願望）に由来すると見て大過ないであろう。たとえば、秀家同様、不本意に「日本」を追われた境遇にあって、近世の人々によって悲劇の主人公に仕立てられた人物に、「じゃがたらお春」がいる（彼女が望郷の念を切々と訴える「じゃがたら文」は偽作）。岩生成一『続南洋日本町の研究』（岩波書店、一九八七年）、白石広子『じゃがたらお春の消息』（勉誠出版、二〇〇一年）を参照。

(21) 前掲註（12）立石著書三七九頁。

(22) 前掲註（1）藤島論文四二頁。

(23) 木下光生『貧困と自己責任の近世日本史』（人文書院、二〇一七年）。ことに第一章「村の「貧困」「貧農」と近世日本史研究」（初出二〇一二年）を参照。

(24) 日置謙編『加賀藩史料』五（前田家編輯部、一九三二年）所収「内藤恥叟蔵文書」（六四六頁）、加越能文庫所蔵『御留守居詰御用留』宝暦八年（一七五八）四月十三日条他。第一章・第二章を参照。

(25) 前掲註（6）『中川長定覚書』享保十七年（一七三二）正月二十五日条他。

(26) 千葉拓真「京都をめぐる加賀前田家の儀礼と交際—そのシステムと担い手を中心に—」（『加賀藩研究』一、二〇一一年）。

(27) 千葉拓真「加賀藩前田家における公家との交際—「通路」と家格をめぐって—」（『論集きんせい』三二、二〇一〇年）。

(28) ただし、あくまでもそれは縁者の扶助以上の何者でもなく、木下光生氏がその本質を「緊急性、個別性、断片性」、「臨時的、限定的」と見抜いた近世公権力による御救（撫民）とは一線を画する行為である点には注意を要する。前掲註（23）木下著書第七章「公権力と生活保障」（初出二〇一五年）を参照。

〔著者略歴〕

大西 泰正（おおにし・やすまさ）

1982年、岡山市生まれ。2007年、京都教育大学大学院修了。現在、石川県金沢城調査研究所々員。主要著書に、『豊臣期の宇喜多氏と宇喜多秀家』（岩田書院、2010年）、『宇喜多秀家と明石掃部』（岩田書院、2015年）、『論文集 宇喜多秀家の周辺』増補版（宇喜多家史談会、2016年）、『宇喜多秀家』（戎光祥出版、2017年）。編著に『備前宇喜多氏』（岩田書院、2012年）、『前田利家・利長』（戎光祥出版、2016年）等。

論集

加賀藩前田家と八丈島宇喜多一類

2018年8月25日 初版発行

定価2,000円＋税

著　者　大西泰正
発行者　勝山敏一

発行所　桂書房
〒930-0103
富山市北代3683-11
電話 076-434-4600
FAX 076-434-4617

印刷・製本／モリモト印刷株式会社

ISBN 978-4-86627-051-7

地方小出版流通センター扱い